Mitos de Mesopotamia

Una guía fascinante de mitos de la mitología mesopotámica y sumeria

© Copyright 2020

Todos los derechos reservados. Ninguna parte de este libro puede ser reproducida de ninguna forma sin el permiso escrito del autor. Los revisores pueden citar breves pasajes en las reseñas.

Descargo de responsabilidad: Ninguna parte de esta publicación puede ser reproducida o transmitida de ninguna forma o por ningún medio, mecánico o electrónico, incluyendo fotocopias o grabaciones, o por ningún sistema de almacenamiento y recuperación de información, o transmitida por correo electrónico sin permiso escrito del editor.

Si bien se ha hecho todo lo posible por verificar la información proporcionada en esta publicación, ni el autor ni el editor asumen responsabilidad alguna por los errores, omisiones o interpretaciones contrarias al tema aquí tratado.

Este libro es solo para fines de entretenimiento. Las opiniones expresadas son únicamente las del autor y no deben tomarse como instrucciones u órdenes de expertos. El lector es responsable de sus propias acciones.

La adhesión a todas las leyes y regulaciones aplicables, incluyendo las leyes internacionales, federales, estatales y locales que rigen la concesión de licencias profesionales, las prácticas comerciales, la publicidad y todos los demás aspectos de la realización de negocios en los EE. UU., Canadá, Reino Unido o cualquier otra jurisdicción es responsabilidad exclusiva del comprador o del lector.

Ni el autor ni el editor asumen responsabilidad alguna en nombre del comprador o lector de estos materiales. Cualquier desaire percibido de cualquier individuo u organización es puramente involuntario.

Contents

PRIMERA PARTE: MITOLOGÍA MESOPOTÁMICA 0
   INTRODUCCIÓN 1
   SECCIÓN 1: MITOS SOBRE LA CREACIÓN 6
   SECCIÓN 2: HISTORIAS DE DIOSES Y DIOSAS 34
   SECCIÓN 3: SELECCIONES DE LA ÉPICA DE GILGAMESH 58
SEGUNDA PARTE: MITOLOGÍA SUMERIA 90
   INTRODUCCIÓN 91
   PARTE I: CUENTOS DE DIOSES Y DIOSAS 96
   ENKI Y NINMAH 96
      ENLIL Y NINLIL 99
      ENKI Y NINHURSAG 103
      LAS HAZAÑAS DE NINURTA 109
      EL VIAJE DE NANNA A NIPPUR 117
      INANNA Y EBIH 121
      DUMUZI Y ENKIMDU 125
      EL MATRIMONIO DE MARTU 127
   PARTE II: CENTOS DE REYES Y HÉROES 131
      ENMERKAR Y EL ENSUHKESHDANNA 131
      LUGALBANDA EN LA CUEVA DE LA MONTAÑA 137
      LUGALBANDA Y EL PÁJARO ANZU 142
   EL SUMERIO GILGAMESH 149
      PARTE I: INANNA Y EL ÁRBOL HULUPPU 149

Parte II: Enkidu en el inframundo 152
Parte III: Gilgamesh y Huwawa 157
Parte IV: Gilgamesh y Aga 165
Sargón y Ur-Zababa 168
VEA MÁS LIBROS ESCRITOS POR MATT CLAYTON 172
GLOSARIO 173
BIBLIOGRAFÍA 189

Primera Parte: Mitología Mesopotámica

Una Guía Fascinante de Mitos del Oriente Próximo

Introducción

Las civilizaciones que crecieron en las orillas de los valles de los ríos Tigris y Éufrates hace miles de años nos dejaron importantes legados: la agricultura, las matemáticas, la astronomía, la rueda y la escritura. La cultura sumeria antigua fue una de las primeras en crear un método para registrar pensamientos y datos de forma más o menos permanente, y otros pueblos que estuvieron en contacto con los sumerios adoptaron esta idea para sus propios usos. No solamente adoptaron sus avances tecnológicos, sino que también hubo un alto grado de interacción entre la mitología sumeria y su arte de contar historias y los mitos de la cultura mesopotámica en general.

El acadio ya se había convertido en la lengua estándar de la región mesopotámica alrededor del año 2300 AEC, y se había dividido en tres dialectos: el acadio oral se transformó tanto en el dialecto septentrional o asirio como en el meridional o babilónico, mientras que existía un tercer dialecto que se utilizaba para los trabajos escritos y que, por lo tanto, solo era accesible para la gente de cultura. El acadio, un idioma semítico relacionado con el árabe moderno, el amárico y el hebreo, se empleaba para registrar transacciones de negocios, leyes, textos históricos y seudohistóricos, mitos y relatos épicos y heroicos. Asimismo, era el idioma empleado para el comercio y la diplomacia en una amplia área geográfica que abarcaba una gran parte del Asia occidental e incluso el África noroccidental. Como ejemplo de ello, contamos con documentos sobre pedagogía que sobrevivieron hasta nuestros días y muestran que probablemente se esperara que los escribas del antiguo Egipto aprendieran el acadio y supieran leerlo y escribirlo como parte de sus obligaciones laborales.

Mesopotamia también fue el escenario de una serie de proyectos imperiales que comenzaron con el imperio acadio bajo el mandato de Sargón de Acad en el siglo XXIV AEC. Acad era una ciudad estado cuya localización exacta aún está por determinar, desde donde Sargón extendió sus dominios a otros lugares, incluyendo Sumeria. Tras la caída del imperio acadio, las ciudades estado de Asur (la ciudad principal de Asiria) en el norte y la de Babilonia en el sur se disputaron el control de la región, y cada una logró tener éxito en diversas ocasiones.

Debido a la mezcla lingüística, política y religiosa de los hablantes de la lengua acadia, es difícil separar las tradiciones religiosas o mitológicas de cualquiera de estas tres culturas, salvo ciertos casos excepcionales. Sabemos que la deidad principal de Asiria era el dios Asur, y que la deidad principal de Babilonia era el dios Marduk. Existen algunas leyendas sobre la creación que se pueden conectar específicamente con Babilonia dada la preeminencia de Marduk en estos relatos, y ciertas oraciones y encantamientos dirigidos a Asur provienen obviamente de Asiria, pero de otra manera, resulta extremadamente difícil diseccionar los fragmentos mitográficos que proceden de una u otra cultura, ya que el listado de divinidades compartidas en cada panteón, los mitos comunes y las prácticas religiosas análogas de los pueblos mesopotámicos. Las aguas se enturbian todavía más si integramos las prácticas mitográficas sumerias, asirias y babilónicas: muchas de las tablillas de arcilla que contienen estas historias son bilingües en sumerio y acadio, mientras que los mitos escritos en estos idiomas también presentan paralelismos en cuanto a sus personajes, temas y tramas.

Los documentos en acadio que han sobrevivido están en escritura cuneiforme sobre tablillas de arcilla. La palabra "cuneiforme" proviene del latín *cuneus*, que significa "cuña". Este término se refiere al uso de estilos con forma de cuña con los que se estampaban los símbolos sobre la arcilla húmeda. Los sumerios crearon esta manera de escribir, la cual se adoptó posteriormente en el idioma acadio. Un número significativo de textos literarios proceden de las bibliotecas reales compiladas por el rey asirio Senaquerib (705-681 AEC) y Asurbanipal (hacia el 668- 627 AEC), el rey del conocido como Imperio neoasirio. Las ruinas de estas bibliotecas, situadas en el actual Irak, fueron descubiertas por los arqueólogos a mediados del siglo XIX, y hasta entonces, los escritos de estas civilizaciones antiguas se consideraban perdidos. Por ello, la disciplina moderna de la asiriología (un término que comprende los estudios sobre el Oriente Próximo antiguo) tiene menos de doscientos años, y aún queda mucho por descubrir en los fragmentos que se han desenterrado (o saqueado) de los restos de estas civilizaciones del pasado. Un descubrimiento reciente de 2015 nos trajo un nuevo segmento de la *Épica de Gilgamesh*.

El presente volumen de mitos mesopotámicos se divide en tres secciones. La primera de ellas contiene mitos sobre la creación, el más extendido de los cuales es el *Enuma Elish*, o el relato babilónico de la creación. En este mito, el dios Marduk lucha contra la dragona Tiamat, y crea el mundo a partir de su cuerpo y del de su segundo al mando. La historia de Atrahasis no versa sobre la creación original, sino sobre la recreación, dado que este mito trata de la Gran Inundación que los dioses enviaron para arrasarlo todo. El buen hombre Atrahasis se salva únicamente por la intervención del dios Enki, el cual avisa a Atrahasis y le dice que construya el arca que le salvará a él, a su familia y a los animales. La historia de Etana presenta una naturaleza menos cósmica que las dos anteriores, ya que el acto de creación del que trata es del intento de Etana de engendrar un hijo, y con él, un heredero al trono.

Las hazañas y debilidades de los dioses mesopotámicos se muestran en la segunda sección, en historias que nos informan sobre los caracteres de estas divinidades y que contienen temas que nos hablan sobre las concepciones mesopotámicas sobre el orden cósmico. En la primera historia, la diosa Ishtar decide visitar el Inframundo, donde la diosa Ereshkigal ejerce su dominio. Cuando Ereshkigal se preocupa porque Ishtar pueda suplantarla, prepara una trampa que mantiene presa a Ishtar hasta que es rescatada. El acto de Ereshkigal conlleva implicaciones cósmicas, ya que Ishtar es una diosa de la fertilidad y su confinamiento implica que se suspende toda la procreación en la Tierra.

Ereshkigal también es una figura principal en la siguiente historia, la cual cuenta cómo Nergal, el dios de la guerra y la pestilencia, llegó a ser su consorte. Nergal consigue rechazar todas las zalamerías que Ereshkigal le dedica, salvo la seducción de su cuerpo. Una vez ha satisfecho su deseo, Nergal debe hacer su morada en el Inframundo y quedarse allí como amante de Ereshkigal, o de lo contrario, esta trastocará el orden natural enviando a los muertos a la Tierra para devorar a los vivos.

Asimismo, el orden divino y el natural son los temas de las últimas dos historias de esta sección. En las primeras, el dios héroe Ninurta realiza su propio trabajo de restauración del orden divino cuando derrota al Ave Anzu, el cual robó las Tablillas del Destino de Enlil, mientras que el mito de Adapa funciona como una historia sobre el origen de las cosas para explicar por qué los humanos no son inmortales.

Posiblemente el más famoso de todos los mitos mesopotámicos sea la *Épica de Gilgamesh*, una narración extendida sobre las proezas de Gilgamesh, el rey de Uruk, y su amigo, el hombre salvaje Enkidu. Si las historias de los dioses contadas en las primeras dos secciones sirven como explicaciones sobre el orden cósmico, los temas de *Gilgamesh* se centran en el orden interno de los seres humanos y hacen hincapié en el amor profundo y la amistad entre Enkidu y Gilgamesh, el miedo humano a la muerte y el deseo humano de alcanzar la vida eterna.

Los mitos mesopotámicos son algunas de las historias más antiguas que se han escrito en el mundo, y aunque en la historia moderna hemos tenido el privilegio de conocerlos solamente hace menos de doscientos años, nos hablan de aspectos básicos para la condición humana. El amor, el odio, la creación, la destrucción, el deseo, la pena y el miedo son experiencias humanas universales y han existido desde el principio de los tiempos, así como el deseo humano de proyectar estas cosas en seres impresionantes para explicar cómo llegó el mundo a ser como es.

Sección 1: Mitos sobre la Creación

La Creación del Mundo

El mito babilónico sobre la creación se preserva escrito sobre siete tablillas de arcilla en escritura cuneiforme, y se dio a conocer con el nombre de Enuma Elish, *las dos primeras palabras de esta historia épica. En tiempos antiguos, este importante mito se recitaba anualmente en el Año Nuevo Babilónico en honor a Marduk, el dios principal de Babilonia, el cual derrota a la diosa rebelde Tiamat y a su general, el dios Qingu. Tras ello, Marduk emplea los cadáveres de sus enemigos para crear los cielos y la Tierra, y para hacer seres humanos que sirvieran a los dioses.*

Por desgracia, las tablillas que preservan el Enuma Elish están rotas e incompletas, por lo que falta gran parte del poema original. No obstante, el poema tiende a repetir secciones largas de texto, así que lo que falta en una sección se puede recrear o inferir a veces a partir de lo que aparece en otra. Este mito narra el surgimiento de la creación a partir de varios dioses que se nombran en el texto, los más importantes de los cuales son Marduk y su padre, Ea. Además de Marduk y de sus ancestros inmediatos, muchos otros dioses con y sin nombre tienen papeles en este relato, aunque las historias de sus orígenes respectivos no se presentan aquí.

En el tiempo en el que los cielos de lo alto no tenían nombre y la Tierra en lo bajo no tenía nombre, solo existía Apsu, el cual engendró los cielos y la Tierra, y con Apsu estaba Tiamat, de la cual nacieron. Y en este tiempo, las aguas se entremezclaban, el agua dulce que era Apsu y la salada que era Tiamat, pero no existían ni los pastos ni las marismas llenas de juncos, ni tampoco ninguno de los dioses había sido engendrado ni recibido un nombre.

Entonces ocurrió que los dioses vinieron al mundo. Los primeros de ellos fueron Lahmu y Lahamu, hermano y hermana, los hijos de Apsu y Tiamat, y Lahmu y Lahamu forman juntos las constelaciones del cielo. De Lahmu y Lahamu surgieron Anshar y Kishar, hermano y hermana, dios del cielo y diosa de la Tierra. Si Lahmu y Lahamu fueron grandes, Anshar y Kishar lo eran todavía más; mayores en estatura y mayores en fuerza.

De Anshar y Kishar surgieron Anu, que era exactamente igual a su padre divino, y Anu engendró a Ea, el dios de las aguas del Tigris y el Éufrates. Ea era todavía más grande que su propio padre, era aún más poderoso que su propio abuelo, y la sabiduría de Ea no conocía límites.

Ea y sus hermanos divinos clamaron por todas las partes de la morada divina. Hicieron tal estruendo que este molestó a Tiamat. En vista de sus actos, Tiamat guardó silencio, aunque detestaba sus acciones. Los dioses hermanos crearon tal ruido que ni siquiera Apsu podía hacerse oír por encima de él, por lo que Apsu llamó a Mummu, su consejero, y le dijo:

—Mi buen Mummu, vayamos adonde Tiamat y celebremos juntos un consejo. Debemos decidir qué hacer con estos dioses que braman por todas las partes de nuestra morada divina.

Así pues, Mummu y Apsu se dirigieron adonde Tiamat, y Apsu dijo:

—¡Tenemos que tener un orden! ¡Tenemos que estar en paz! ¡Sin lugar a dudas, tengo que destruir a estos dioses hermanos que braman por todas partes en nuestra morada divina!

Sin embargo, Tiamat le contestó:

—Destruirlos es una solución muy drástica. No debemos destruir lo que nosotros mismos hemos creado. Tratemos a los dioses hermanos con delicadeza, y de ese modo, les haremos cesar su clamor.

Mummu fue el siguiente en hablar:

—Sí, oh Apsu, oh radiante; sin lugar a dudas, debes destruir a estos dioses. ¡Destrúyelos a todos! Entonces estarás en paz, entonces habrá orden en la morada divina.

Apsu se regocijó, pues sabía que Mummu decía la verdad. Apsu se regocijó y conspiró para matar a todos sus hijos, y Mummu se lanzó al cuello de Apsu y le dio un abrazo.

Sin embargo, los planes de Apsu no pasaron inadvertidos. Ea se enteró de lo que Apsu pretendía hacer, y juró poner fin a la destrucción de los dioses hermanos. Ea creó un gran hechizo, un hechizo sagrado de sueño, y se lo lanzó a Apsu. Apsu no tenía poder para resistir el encantamiento, por lo que pronto quedó sumido en un profundo sueño. Cuando Ea vio que el sueño había vencido a Apsu, se le acercó y tomó su diadema, y se la colocó sobre su propia frente. Ea ató a Apsu con fuertes ataduras, y acto seguido, Ea mató al anciano dios. Ea mató a Apsu, el padre de todos los dioses, y luego se abalanzó sobre Mummu y lo ató con cadenas, y lo encerró en una cámara blindada, cerrando la puerta con llave para que no pudiera escapar.

Después, sucedió que Ea creó su propia morada divina. Fundó su morada y la llamó el *Apsu*. En su morada, Ea construyó una cámara, una cámara para él y para su esposa, Damkina. Y fue en esta morada llamada Apsu que Marduk fue engendrado. Ea era su padre, y Damkina, su madre. Marduk, el más grande de los dioses, fue engendrado allí, y su padre Ea se deleitaba al verle. Ea concedió una gran majestad y fuerza sobre Marduk, haciéndole no solo igual a los demás dioses, sino superior a ellos. Marduk tenía un cuerpo bien formado, con miembros hermosos. Cuatro ojos tenía Marduk, y cuatro orejas, y lanzaba llamaradas de fuego de su boca. Grandes eran sus ojos y sus orejas, y su cuerpo era extremadamente alto, y recibió el nombre de Hijo del Sol y Sol de los Cielos, y su padre Ea se deleitaba enormemente al verle.

Anu, el dios del cielo y padre de Ea, diseñó los cuatro vientos. Anu tomó estos vientos y se los dio a su nieto, Marduk. Anu le dio los vientos a Marduk, y con ellos, Marduk creó una enorme tormenta. La tormenta alzó una ola encima de otra, y esto molestó enormemente a Tiamat.

Los demás dioses vieron lo que se había hecho, y se dirigieron adonde Tiamat, diciendo:

— ¿Acaso Ea no destruyó a Apsu, tu esposo divino? ¿Acaso no metió en prisión a Mummu, el sabio consejero de Apsu? Es por todo esto que no podemos dormir. Y es por todo esto que no hallamos descanso. ¡Ven! ¡Vayamos a la batalla! Venguemos a Apsu y a Mummu y recuperemos nuestra paz para así poder descansar.

Y así, los dioses se retiraron para planificar su batalla.

No obstante, Tiamat, por su parte, engendró grandes monstruos, bestias fuertes y letales, para que pudieran vengar a su esposo divino, para que destruyeran a Ea y así le castigaran por sus actos. Tiamat dio vida a dragones, bestias con dientes venenosos y afilados; criaturas tan aterradoras que incluso los más valientes morirían si las vieran. Tiamat dio vida a dragones, junto con muchas otras bestias: leones y hombres escorpión, perros salvajes y demonios, y un enorme toro. A once de estas bestias dio vida Tiamat, pero no le concedió el liderazgo a ninguna de ellas, prefiriendo otorgársela a su hijo Qingu. Tiamat le dio las tres Tablillas del Destino para que pudiera tener el poder de derrotar a Ea.

Acto seguido, Tiamat le dijo a Qingu:

— ¡Ve! ¡Lidera al ejército de bestias! ¡Lidera el ejército de nuestros dioses aliados! ¡Enfréntate a Ea en combate, y venga a mi divino esposo!

Las noticias de lo que Tiamat había hecho llegaron a oídos de Ea, y perdió la esperanza. Era obvio que no podría derrotar a un ejército semejante, comandado por semejante capitán. Ea fue adonde su abuelo, Anshar, y le dijo:

— ¡Ay! Tiamat ha creado un ejército con once bestias letales, y con muchos dioses, con Qingu al mando, el cual porta las Tablillas del Destino. ¡Ciertamente no podremos vencer nunca a un enemigo así!

Anshar dijo:

— ¡No, no nos doblegaremos! Tú mismo mataste a Apsu, el divino esposo de Tiamat. Cualquier enemigo que se enfrente a ti quedará derrotado sin ninguna duda. ¡Ve a la batalla!

Así pues, Ea partió a combatir contra Tiamat. Encontró el lugar donde se encontraba con su ejército, y cuando vio cómo eran de grandes los monstruos letales, con Qingu al mando, se asustó enormemente y se dio la vuelta.

—Oh, mi padre —dijo Ea, —me puse en camino para enfrentarme en batalla contra Tiamat, pero ¡ay de mí! Su poder me sobrepasa. Nunca seré capaz de derrotarla. Manda a otra persona en mi lugar.

Anshar se volvió hacia donde Anu y dijo:

— ¡Oh hijo mío, mi primogénito! Tú eres un héroe y un guerrero, nadie puede resistir tu fuerza. ¡Ve y lucha contra Tiamat y su ejército! ¡Seguro que vuelves de la batalla victorioso!

Y así, Anu partió para enfrentarse en batalla contra Tiamat, pero cuando vio lo que ella le tenía preparado, su corazón flaqueó y se dio la vuelta.

—Oh, mi padre —dijo Anu, —me puse en camino para entrar en batalla contra Tiamat, pero ¡ay de mí! Su poder es demasiado para mí. Nunca seré capaz de derrotarla. Tal vez seas tú el que debes ir.

Anshar convocó a todos los dioses ante él. Les contó sobre los planes de Tiamat y sobre el ejército que había creado, cómo se habían propuesto destruir a todos los demás dioses para vengar la muerte de Apsu. Sin embargo, ninguno de los otros dioses aceptó el reto de derrotarla. Todos permanecieron sentados en silencio, asustados.

Fue en ese momento cuando Ea llamó a su hijo, Marduk. Entraron juntos a la cámara de Ea para celebrar juntos un consejo. Ea dijo:

—Sólo tú puedes enfrentarte a Tiamat y a sus bestias letales. Ve ante Anshar. Anúnciate a ti mismo como nuestro paladín. ¡Solo tú puedes salvarnos!

Obedeciendo a su padre, Marduk se dirigió ante Anshar y los demás dioses. Allí se anunció a sí mismo como su paladín, allí se ofreció a combatir contra Tiamat y sus bestias letales, con Qingu al mando de estas. Los dioses se regocijaron y ordenaron que se celebrara un banquete, un banquete en honor de Marduk, su paladín, antes de que este entrara en batalla. Y cuando el banquete terminó, dijeron:

— ¡Marduk, nuestro paladín, debe ser el primero de todos nosotros! Tuya debe ser la soberanía de todo lo que existe, y hasta los dioses deben inclinarse ante ti.

Y así fue como Marduk se preparó para el combate. Tomó su gran arco y un carcaj lleno de flechas. Tomó su lanza poderosa y su maza gigantesca. Tomó el rayo y llenó su cuerpo entero de llamas. Ordenó a los vientos que le ayudaran, los cuatro vientos y los siete vientos. Llamó ante sí a estos y a otros vientos, de manera que acudieran junto a él para desatar el caos contra Tiamat. Unció cuatro caballos a su carro, rápidos como flechas y fieros como leones. De esta manera preparado, Marduk partió a la batalla en su carro tirado por corceles de guerra, con los vientos a sus órdenes.

Qingu oyó que Marduk se aproximaba y lo vio preparado de esta forma para la batalla, y su corazón flaqueó. Viendo la desesperación de su líder, las once bestias también perdieron el ánimo, pero Tiamat hizo acopio de todo su valor y pronunció palabras de rebeldía contra Marduk.

Marduk no se amilanó ante las palabras de Tiamat. Le dijo:

—Te has rebelado contra Anu, contra los mismos dioses. Has preparado un ejército para destruirlos. Pero te digo que esto debemos resolverlo entre tú y yo. Enfrentémonos en combate individual, tú y yo, y decidamos así quién debe tener la victoria.

Como respuesta, Tiamat alzó su grito de batalla y se lanzó corriendo contra Marduk con la intención de destruirlo en el mismo lugar en el que él se encontraba. Sin sentir el más mínimo miedo, Marduk se mantuvo firme. Tomó una enorme red y la lanzó sobre Tiamat, enredándola en ella de tal forma que no se podía mover. Acto seguido, Marduk envió un viento maligno para que soplara contra la cara de Tiamat y la forzara a abrir su boca y a distender su cuerpo para que no pudiera hablar. Cuando hubo hecho esto, Marduk colocó una flecha en su arco y disparó a Tiamat. La flecha entró en su cuerpo y partió su corazón en dos.

Cuando el ejército de Tiamat vio lo que le había acaecido a la diosa, las once bestias huyeron del campo de batalla. Los dioses que habían seguido a Tiamat temblaron y trataron de huir, pero Marduk los atrapó a todos con su red y los encerró en prisión. Marduk también atrapó a los demonios que también habían seguido al séquito de Tiamat, y capturó a las once bestias y las amarró con grilletes. Por último, Marduk capturó a Qingu, Marduk le arrebató las Tablillas del Destino y se las ató a su propio pecho.

Después de esto, Marduk se aproximó al cuerpo sin vida de Tiamat. Con su inmensa maza, Marduk aplastó su cráneo. Abrió las venas de su cuerpo y permitió al Viento del Norte llevarse su sangre lejos. Los demás dioses se regocijaron con la victoria de Marduk, dándole muchos regalos de gran finura y alabándole.

Sin embargo, Marduk no había terminado aún. Tomó el cuerpo de Tiamat y lo cortó a lo largo en dos mitades. Colocó una de ellas en lo alto para que fuera el cielo. Marduk mandó colocar dos guardias para vigilar aquella parte de Tiamat, de manera que se aseguraran de que las aguas que esta contenía no se escaparan. Una vez hizo esto, Marduk fue a los cielos y creó allí una morada para los dioses. Esta morada se encontraba cerca del Apsu que su padre Ea había construido, y Marduk llamó a su vivienda *E-sara*. El E-sara estaba hecho para ser aún más grandiosa que el Apsu, y dentro del E-sara, Marduk hizo un lugar para que vivieran en él su abuelo, Anu, y su padre, Ea, y para Enlil, el dios de los vientos.

Cuando hubo hecho esto, Marduk comenzó un nuevo trabajo. En el cielo, colocó las estrellas en sus caminos. Creó a las doce criaturas del Zodíaco y las situó en sus lugares respectivos. Marduk dividió los tiempos y las estaciones, creó el calendario de los meses y los días, y para vigilar todo ello, colocó a Nibiru [el planeta Júpiter]. Marduk creó a Nanna, el dios de la luna, y le ordenó que brillara a su debido tiempo. Marduk adjudicó a Nanna el mantenimiento del tiempo, la medida de los meses y los tiempos y lugares que debía observar en relación con Shamash, el dios del Sol, y así fue como Marduk estableció la variación entre la noche y el día y entre los meses y los años.

Marduk hizo las aguas a partir del cuerpo de Tiamat. Creó la lluvia y la niebla; llenó el abismo con las aguas de la cabeza de esta. Hizo fluir dos ríos de sus ojos, los grandes ríos del Tigris y el Éufrates, y de sus pechos, Marduk creó las montañas. Y así fue como, a partir del cuerpo de Tiamat, se creó la sustancia de la Tierra.

Cuando todo estuvo listo, Marduk le otorgó la tarea de guiar del mundo a su padre Ea, y a su abuelo, Anu, le dio las Tablillas del

Destino que le había arrebatado a Qingu. Ató a las once bestias letales creadas por Tiamat, y creó estatuas de ellas para guardar las puertas del Apsu.

Viendo todo lo que Marduk había hecho, los dioses se regocijaron. Proclamaron la gloria de su nombre; le dieron ricos regalos. Todos los dioses se inclinaron ante Marduk y le glorificaron ampliamente. Le vistieron con ropas limpias y le ungieron con aceite fragante. Le asignaron la labor de mantener los espacios sagrados, y le dijeron:

— ¡Solo tú serás nuestro rey! ¡Haremos cualquier cosa que nos ordenes!

Marduk, entonces, dijo:

—He hecho del Apsu un lugar seguro, y he hecho el E-sara para que sea vuestro hogar. Pero aún he de crear otro palacio, el lugar donde los dioses deben reunirse para celebrar juntos su consejo. Llamaré a este lugar *Babilonia*. En Babilonia celebraremos banquetes, y en Babilonia recibiremos las ofrendas que se nos deben.

Y el consejo de los dioses dijo:

—Sí, debes hacer todas estas cosas, pues eres nuestro rey, y no tendremos ningún otro. Que se haga tal y como tú ordenas.

Cuando las cosas estuvieron ordenadas en los cielos y en la Tierra, Marduk comenzó a pensar en la creación de otras cosas, de cosas que pudieran vivir y moverse sobre la Tierra.

—Haré una criatura. —dijo Marduk. —La haré de hueso y sangre, y su misión será proveernos a los dioses. Llamaré a esta criatura "hombre", y haré que viva sobre la Tierra.

Después de esto, Marduk se dirigió al consejo de los dioses y dijo:

—Decidme, ¿quién fue el que ordenó que Tiamat se alzara en rebeldía contra nosotros? ¿De quién fueron las palabras que la espolearon y la empujaron a plantar batalla?

Los dioses respondieron a Marduk diciendo:

—Fue Qingu quien espoleó la rebelión, y fue Qingu quien le dijo a Tiamat que iniciara la batalla.

Así fue como Qingu fue llevado ante Marduk y el consejo de los dioses. Constreñido por grilletes, Qingu fue llevado ante ellos, y se dictó sentencia sobre él. Marduk abrió las venas de su cuerpo, y de su sangre, Marduk creó seres humanos para que fueran los sirvientes de los dioses.

Los cielos y la Tierra habían sido creados, y el Sol y la Luna habían recibido sus obligaciones. Los seres humanos habían sido creados para servir a los dioses, y todo estaba en orden salvo el propio consejo de los dioses. Marduk los separó en grupos y les dijo donde debían vivir. Asignó a trescientos de ellos la labor de guardar los cielos, y mandó a seiscientos a la Tierra y al Inframundo.

Cuando esto estuvo hecho, los dioses se volvieron a Marduk y dijeron:

—Oh rey, has realizado un gran trabajo. Has creado todo lo que existe. Has creado seres humanos para que nos sirvan. ¿Qué podemos hacer por ti a cambio de todo ello?

Marduk estaba enormemente complacido por lo que los dioses habían dicho, y les contestó:

—¡Cread Babilonia! Construid un lugar sagrado donde podamos hallar reposo.

Los dioses aceptaron esta labor de grado. Se pusieron a trabajar en la fabricación de ladrillos, y con estos ladrillos crearon una ciudad, y dentro de la ciudad, se construyó un gran centro sagrado, una torre alta destinada a ser el templo donde Marduk iba a residir con Ea, Enlil y Anu. También construyeron templos para sí mismos donde poder encontrar lugares de reposo.

Babilonia estuvo pronto terminada; una ciudad grande y brillante con un hermoso templo para los dioses. Marduk estaba muy complacido con su trabajo, y dijo:

— ¡Bien hecho, bien hecho, mis hermanos divinos! ¡Celebremos un banquete! Comamos y bebamos para celebrar nuestras creaciones y para celebrar el nuevo lugar sagrado donde podremos hallar reposo.

Toda la compañía de los dioses se sentó con Marduk para celebrar el banquete. Comieron y bebieron hasta quedar saciados. Se regocijaron por la construcción de su nueva ciudad y sus nuevos lugares sagrados. Cuando el banquete terminó, los dioses hicieron una promesa solemne a Marduk, proclamándole su rey y su juez y confiriéndole el dominio sobre todas las cosas. También crearon mandamientos para atender correctamente a los dioses y sobre el trabajo que los seres humanos debían llevar a cabo para honrar a todas las deidades. Todos los dioses alabaron a Marduk por su gloria, llamándole por muchos nombres: Sabio Consejero, Gran Proveedor, Señor de la Vida, Creador de Todas las Cosas, y otros muchos grandes títulos, todos los cincuenta nombres del gran dios Marduk, el poderoso, el héroe, que creó los cielos y la Tierra, que otorgó moradas para los dioses y que creó a los humanos para que fueran sus sirvientes.

Atrahasis

Muchas culturas cuentan con relatos sobre una gran inundación que arrasa con toda la vida exceptuando unos pocos supervivientes honrados, y el caso de la antigua Mesopotamia no fue muy diferente. Existes varias variantes de la historia de la Inundación tanto en sumerio como en acadio, y una de ellas sobrevive en el contexto de la épica de Gilgamesh. El relato que presentamos aquí se basa en la versión babilonia antigua, la cual data del siglo XVII

AEC según cuenta Benjamin Foster en su traducción de esta historia.

En la primera edad del mundo no existía el ser humano. Solo los dioses caminaban por la Tierra, y los propios dioses tenían que trabajar para obtener su sustento. Los Annunaki, los dioses mayores, tenían que cavar las acequias, arar los campos, cuidar las bestias y recoger las cosechas.

—Este trabajo es demasiado —dijeron los Annunaki. —Nuestras espaldas se doblan bajo esta pesada carga. Debemos conseguir que sean otros quienes hagan esto por nosotros.

Y así, los Annunaki decidieron que ascenderían al cielo. En primer lugar, echaron a suertes quiénes debían ir a qué lugares. Anu, el Padre de Todos, subió al cielo. Enlil puso la Tierra bajo su gobierno, y Enki tomó para sí el mar. Tras esto, los Annunaki ordenaron a los Igigi, los dioses menores, que hicieran el trabajo que ellos habían estado haciendo anteriormente. Ordenaron a los Igigi que cavaran las acequias, arar los campos, cuidar a las bestias y recoger las cosechas.

La primera labor de los Igigi fue cavar el lecho del río Tigris. Acto seguido, cavaron el lecho del Éufrates. Luego construyeron el Apsu, la morada de los dioses, en sus tierras. Durante cuarenta años, los Igigi trabajaron a las órdenes de los Annunaki, hasta que se hartaron de la situación.

—Vayamos adonde Enlil y derroquémosle. Lo derrocaremos de su trono y ya no tendrá dominio sobre nosotros. ¡Nos enfrentaremos a él en batalla ante sus propias puertas y le derrocaremos, y entonces seremos libres!

Los Igigi hicieron una gran pira con sus herramientas de trabajo y le prendieron fuego. Tras ello, tomaron sus armas y marcharon en medio de la noche hacia el E-kur, la casa de Enlil. Enlil no sabía que los Igigi se estaban aproximando, pero Kalkal, un criado de Enlil, había realizado su tarea con diligencia y atrancado las puertas del E-kur con mucha antelación. Kalkal vio cómo se aproximaban los Igigi. Se fue donde estaba Nusku, otro criado de Enlil, y le dijo:

—Ve adonde está nuestro amo. Despiértale. Hazle saber que hay una gran turba que se está acercando al E-kur y que van a rodearnos. ¡Díselo a Enlil; deprisa!

Nusku se acercó corriendo a la cámara de Enlil y le contó que la turba estaba rodeando el E-kur.

— ¡Tomad las armas! —dijo Enlil. —Tomad vuestras armas y colocaos delante de mí. ¡Atrancad la puerta de mi cámara, pero situaos entre ella y yo, con vuestras armas preparadas!

Nusku miró a Enlil y le dijo:

—Oh, mi señor, ¿por qué estáis tan pálido? ¿Qué es lo que teméis que hagan aquellos que se encuentran fuera de nuestros muros? Si tenéis tanto miedo, ¡llamad a Anu y pedidle ayuda! ¡Llamad a Enki y pedidle ayuda! Seguro que os la prestan.

Enlil llamó a Anu, y llamó a Enki. Anu dijo:

— ¿Qué sucede? ¿Por qué nos llamas?

Enlil dijo:

— ¡Mirad a vuestro alrededor! ¡Mirad a la muchedumbre que rodea mi casa! ¡Mirad cómo se abalanzan contra mis puertas! ¿Qué voy a hacer ante esto? ¡Son mis propios hijos, que se han alzado en armas contra mí! Mis propios hijos se han alzado en armas y han asediado mi casa.

— ¿Sabes qué es lo que quieren? —dijo Anu. — ¿Por qué están aquí? Tal vez debas enterarte de ello primero. Envía a Nusku para que hable con ellos. Que Nusku les pregunte qué quieren de ti y por qué se han alzado en armas contra ti. Envíale en nombre de los Annunaki.

Nusku se acercó a la puerta. La abrió y se puso delante de los Igigi. Se inclinó ante ellos y dijo:

—Estoy aquí en nombre de Anu, vuestro padre, y de Enlil, guerrero y consejero; y de Ninurta, vuestro chambelán; y de Ennugi, el que controla las acequias. Estoy aquí en nombre de ellos para preguntaros por qué estáis aquí y qué queréis. ¿Quién empezó todo esto? ¿Quién decidió que debíais alzaros en armas y rodear la casa de Enlil? ¡Hablad! Decidme por qué estáis aquí.

Los Igigi respondieron todos a una:

—Hemos decidido alzarnos en armas entre todos. Hemos decidido asediar la casa de Enlil entre todos. Los Annunaki nos dieron el cometido de trabajar para ellos. Largo y duro ha sido nuestro trabajo. Nuestras espaldas están agarrotadas, y nuestros cuerpos, agotados. ¡Ya estamos hartos! Por eso es que atacamos las puertas del E-kur. ¡Vamos a luchar por nuestra libertad!

Nusku volvió adonde Enlil y le contó lo que los Igigi le habían dicho. Enlil lloró cuando oyó las tribulaciones de los Igigi.

—Oh, padre Anu —dijo, — ¿no hay nada que pueda hacerse para ayudar a mis hijos? ¿No hay nada que pueda hacerse para aliviar sus sufrimientos?

Anu reunió al consejo de los Annunaki para averiguar qué debía hacerse para reducir las tribulaciones de los Igigi. Enki habló ante el consejo:

—Sí, debemos ayudar a los Igigi. Ciertamente, les hemos dado una carga que es demasiado pesada para ellos. Sé lo que debemos hacer: debemos crear seres humanos. Debemos crearlos y asignarles a ellos las labores de los Igigi.

Enki se giró adonde estaba Mami, la diosa Madre, y le dijo:

—Oh Mami, ¿podrías crear seres humanos? ¿Podrías hacerlos para que les podamos asignar las labores de los Igigi?

A lo que Mami respondió:

—Ese no es mi trabajo. Tú debes ser el que cree a los humanos. Ahora, si me traes arcilla, les daré forma.

—Muy bien —dijo Enki. —Esto es lo que haremos: prepararé un baño purificador el primer, séptimo y decimoquinto día de cada mes para que los dioses se puedan purificar. Un dios hará el sacrificio, y su sangre se mezclará con la arcilla de Mami.

Y así se hizo. Los Annunaki prepararon baños purificadores, y sacrificaron a Aw-ila, el cual se ofreció voluntariamente para este cometido. Mami tomó la arcilla y la mezcló con la sangre de Aw-ila, y así, el ser humano obtuvo también un espíritu, puesto que había sido creado a partir de la sangre de un dios.

Cuando la arcilla estuvo bien mezclada con la sangre, Enki convocó a toda la asamblea de los dioses. Los Annunaki acudieron a la llamada de Enki y escupieron sobre la arcilla. Acto seguido, Mami le dijo a toda la asamblea:

—He completado la tarea que me encomendasteis. Aquí está la arcilla que contiene la sangre y el espíritu de un dios. A partir de ella, crearé seres que se encargarán de vuestro trabajo y aliviarán vuestros pesares. Tenéis ante vosotros el inicio de nuevas criaturas; criaturas que también pueden lamentar su suerte, que también pueden cansar vuestros oídos con sus protestas.

Al oír esto, los Igigi saltaron al frente y cayeron a los pies de Mami. Le besaban los pies mientras le decían:

—Te hemos llamado Mami, pero a partir de ahora serás conocida como el Ama de Todos los dioses.

Enki y Mami llamaron a catorce diosas para que gestaran a los nuevos seres. Mientras Enki pisaba la arcilla, amasándola con sus pies, Mami recitó un encantamiento. Cuando la arcilla estuvo bien mezclada y se hubo recitado el encantamiento, Mami dividió la arcilla en catorce porciones. Colocó siete trozos a la derecha, y colocó siete a la izquierda. Dio siete trozos de arcilla a siete de las diosas, y los seres que gestaron se convirtieron en machos. Les dio las otras siete porciones de arcilla a las otras siete diosas, y los seres que gestaron se convirtieron en hembras.

Mami le dijo a los nuevos seres que debían escoger a otro de ellos para que fuera su pareja, un macho con una hembra. Les instruyó acerca de cómo debían vivir y como debían parir hijos, así como en la forma adecuada de rendir pleitesía a los dioses.

Y así fue como los nuevos hombres y mujeres aparecieron sobre la Tierra, y a ellos se les asignó la labor que anteriormente habían hecho los dioses. Los nuevos hombres y mujeres cavaron las acequias, araron los campos, cuidaron a las bestias y recogieron las cosechas. Los nuevos hombres y mujeres realizaron estos trabajos, y también se casaron y tuvieron muchos hijos hermosos.

Transcurrieron mil doscientos años. Los nuevos seres humanos realizaron sus tareas, y tuvieron a sus hijos, y estos tuvieron sus propios hijos, y sus hijos tuvieron hijos, y así siguió sucediendo hasta que la Tierra quedó bien llena de seres humanos, y el ruido de sus protestas se elevó hacia el cielo, ofendiendo los oídos de los dioses.

— ¡Oh! —gritó Enlil. —No puedo soportar esto. El ruido de estos seres es demasiado. Su griterío no me deja dormir. Tenemos que apaciguarlo. Creemos una plaga y enviémosla sobre ellos. Enviémosles una plaga para matarlos y reducir su número, y así reducir el ruido que arman.

Los otros dioses estuvieron de acuerdo con esto:

—Sí, enviémosles una plaga. Ciertamente hay demasiada gente, y hacen tal estruendo que ninguno de nosotros puede dormir. ¡Enviémosles una plaga!

Y así, los dioses enviaron una plaga sobre la gente. La plaga arrasó la tierra, y muchos murieron. Hombres, mujeres y niños, jóvenes y viejos; todos se convirtieron en víctimas. Uno de los que sobrevivieron al desastre era un hombre sabio llamado Atrahasis. Era un hombre devoto que hablaba a menudo con el dios Enki. A su vez, Enki honraba a Atrahasis hablando con él.

— ¡Oh, Enki! —gritó Atrahasis. — ¿cuánto tiempo más hemos de padecer de este modo? ¿Cuánto tiempo más van a afligirnos los dioses con esta plaga? Nuestros hijos están muriendo, y también nuestros ancianos. Las esposas están dejando viudos a sus esposos, y los esposos están dejando viudas a sus esposas. ¡Ayúdanos! ¿Qué podemos hacer para aplacar a los dioses?

—Convoca al consejo de ancianos —dijo Enki. —Reúnelos y diles que todos ellos deben abstenerse de adorar a sus propios dioses. En lugar de eso, deben construirle un templo a Namtar, el dios de las plagas. Deben hornear pan para él y deben llevárselo a su templo. Cuando vea la hermosa ofrenda de pan depositada en su puerta, puede que se avergüence y detenga la plaga.

Atrahasis hizo tal y como Enki le dijo. Les contó a los ancianos lo que debían hacer. La gente construyó un gran templo a Namtar. Horneó pan para él y lo depositaron a las puertas del templo. Namtar olió el aroma del pan horneado. Vio lo bien amasadas que estaban las barras de pan y la gran cantidad que los humanos habían depositado a las puertas de su templo. Se sintió avergonzado por haber afligido a la gente, por lo que retiró la plaga que les azotaba. Aquellos que habían caído enfermos comenzaron a recuperarse, y ninguno más cayó enfermo.

Mil doscientos años transcurrieron desde el final de la plaga. Los humanos hacían sus tareas y tenían a sus hijos, y sus hijos tenían hijos, y así continuó todo hasta que la Tierra estuvo llena de seres humanos, y el ruido de sus protestas se alzó hasta las alturas, ofendiendo a los oídos de los dioses.

— ¡Oh! —gritó Enlil. —No puedo soportar esto. El ruido de estos seres es demasiado. Su griterío no me deja dormir. Debemos reducirlo. Causemos una sequía y enviémosela. Enviémosles una sequía para que sus cosechas no prosperen. Se morirán de hambre y su número se reducirá, y con ello, el ruido que provocan.

Los otros dioses estuvieron de acuerdo con esto.

—Sí, enviémosles una sequía. Ciertamente, hay mucha gente, y arman tal griterío que ninguno de nosotros puede dormir. ¡Enviémosles una sequía!

Los dioses llamaron a Adad, el dios de la lluvia.

—Detén la lluvia, Adad —dijeron los dioses. —Detén la lluvia para que se seque la Tierra y no crezcan las cosechas. Así la gente se morirá de hambre, y por fin tendremos la paz necesaria para poder dormir.

Y así, Adad contuvo la lluvia. La sequía sobrevino en la Tierra. Las cosechas se secaron, y la gente sufría una gran sed, y muchos de ellos murieron al poco tiempo.

El sabio Atrahasis se dirigió de nuevo adonde Enki y le dijo:

— ¿Cuánto tiempo más debemos sufrir de esta manera? ¿Cuánto tiempo van a estar afligiéndonos los dioses con esta sequía? Nuestros hijos están muriendo, y nuestros ancianos. Las esposas están dejando viudos a sus esposos, y los esposos están dejando viudas a sus esposas. ¡Ayúdanos! ¿Qué podemos hacer para aplacar a los dioses?

—Convoca al consejo de ancianos —dijo Enki. —Reúnelos y diles que deben abstenerse de adorar a sus propios dioses. En su lugar, deben construirle un templo a Adad, el dios de la lluvia. Deben hornear pan para él, y deben llevarlo ante su templo. Cuando vea la hermosa ofrenda de pan depositada a sus puertas, puede que se avergüence y detenga la sequía.

Atrahasis actuó como Enki le indicó. Les contó a los ancianos lo que debían hacer. La gente le construyó un templo a Adad. Hornearon pan para él y lo depositaron a las puertas del templo. Adad olió el aroma del pan horneado. Vio lo bien amasadas que estaban las barras y la gran cantidad que habían depositado a las puertas de su templo. Se sintió avergonzado por haber afligido a la gente, por lo que retiró la sequía que les azotaba. Les dio lluvia en abundancia, así como rocío por las mañanas. Muy pronto volvieron los campos a dar fruto, y hubo una cosecha abundante. El hambre y la sed desaparecieron de la faz de la Tierra.

La gente volvió a armar demasiado ruido para los dioses, y de nuevo, los dioses les volvieron a enviar plaga tras plaga; y cuando el número de personas se reducía, los dioses alzaban la mano.

Tras retirar la plaga de la tierra, el número de personas aumentó, y de nuevo, molestaron a los dioses con su ruido y ajetreo. Los dioses enviaron de nuevo una sequía, y cuando el número de personas se redujo, los dioses alzaron la mano.

Los dioses enviaron una plaga dos veces para retirarla después. Los dioses enviaron una sequía dos veces para retirarla después. Sin embargo, una vez que cada plaga y cada sequía se retiraban, los humanos aumentaban en número hasta que el estruendo de sus actividades resonaba en la Casa de los dioses y estos ya no podían dormir.

Al final, Enlil convocó a los Annunaki. Los reunió en la asamblea y dijo:

—Tenemos que hacer algo para evitar el ruido que hace la gente. ¡Son muy alborotadores, ninguno de nosotros puede dormir! Hemos intentado mandarles una plaga. Hemos intentado enviarles una sequía. Nada de esto ha funcionado durante mucho tiempo. Tenemos que hacer algo más; algo que destruya a la gente para que podamos dormir. Me gustaría enviar una gran inundación a la tierra. Esto eliminará a toda la gente y por fin podremos tener un poco de paz.

Enki se levantó ante el consejo y protestó contra este plan:

— ¡Esto que estás haciendo es horrible, Enlil! ¿Por qué debemos destruir a toda la gente? ¿Por qué deseas asesinar a todos mis hijos? ¡Lleva a cabo esta acción si lo deseas, pero yo no voy a participar en ella!

Y así, Enki decidió salvar al menos a algunas personas de la ira de Enlil y de los Annunaki. Enki se dirigió donde el sabio Atrahasis y le mandó un sueño. Enki se acercó a Atrahasis de noche mientras este dormía, y le dijo:

— ¡Atrahasis! Se acerca una gran inundación, una que va a arrasar con todos los seres vivos. Pero yo, Enki, tu dios, te lo ordeno: construye un barco. Constrúyelo bien, y séllalo con pez. Constrúyelo con muchas cubiertas. Construye un barco largo, y constrúyelo ancho. Llévate contigo a tu barco a todos los seres vivos que puedas. Tienes siete días antes de que llegue la inundación. ¡Ve y cumple mis órdenes, si quieres vivir!

Atrahasis se despertó de su sueño. Comenzó a construir su barco inmediatamente, y su familia le ayudó. Muy pronto, el barco estuvo construido y aprovisionado, y Atrahasis lo llenó de animales, tal y como Enki le había ordenado hacer. Cuando el barco estuvo preparado, Atrahasis llevó a su familia a bordo. Se sentaron juntos a la mesa para comer, pero Atrahasis estaba inquieto. No podía permanecer sentado. No podía comer ni dormir. No paraba de salir al exterior y de mirar para comprobar si se acercaba la inundación. A pesar de haber construido un barco que iba a salvarles, su corazón estaba apesadumbrado, y estaba asustado a más no poder.

Atrahasis miraba a los cielos. Mientras los observaba, estos se cubrieron de nubes y se oscurecieron mucho más de lo que Atrahasis había visto nunca. Adad montaba aquellas nubes, y descargó sus lluvias sobre la tierra. Atrahasis entró de nuevo en su barco y selló sus puertas con pez.

El Ave Anzu bramaba mientras atravesaba el cielo. Rasgaba el cielo con sus espolones. Y así, la inundación sobrevino. Se abalanzó sobre la tierra con la forma de una enorme muralla, arrasándolo todo a su paso. Tan grande fue el aluvión que incluso los dioses se asustaron y se escondieron tras las paredes de su Casa. Enki lloraba lamentándose por la muerte de todos sus hijos.

La inundación limpió profundamente el mundo entero, y los Annunaki y los Igigi tuvieron hambre al poco tiempo. Les entró hambre porque la inundación había arrasado con todo. Todos los humanos estaban muertos, y todos los campos yacían bajo una gruesa capa de agua. La gran diosa Madre Mami se lamentaba por la destrucción:

—¡Ah, que nunca más vuelva a amanecer! ¡Ay de mí, que estuve de acuerdo con la decisión que tomó Enlil! ¡Si tan solo Anu hubiera intervenido y hubiera puesto cartas en el asunto de la decisión de Enlil, como debía haber hecho!

Enlil miró para ver lo que había provocado, pensando que por fin iba a tener algo de paz. Sin embargo, cuando descubrió el barco de Atrahasis, montó en cólera.

—¡Mira eso! ¡Mira, allá en el agua! Hay un barco, y está lleno de todos los seres vivos que debían ser destruidos. Nosotros los dioses acordamos que no debía haber nada que sobreviviera a esta inundación. Solo Enki puede haber hecho esto. ¡Solo Enki puede haberse atrevido a actuar en contra de la voluntad de todos los dioses!

—Sí, yo hice esto —dijo Enki. —Y lo volvería a hacer mil y una veces más. Mi trabajo es garantizar la protección de la vida. Esta inundación fue un acto malvado, Enlil, pues has castigado a la gente honrada junto con la malintencionada.

[Lo que queda de este relato está fragmentado, pero aparentemente, Enki y Nintu, la diosa del parto, trabajan juntos para crear nuevas personas y fundar un nuevo orden social. Uno de los fragmentos conservados trata sobre la asignación a las mujeres del rol de gestar niños y de las funciones de las sacerdotisas que no deben tener descendencia].

Etana

La acción de esta historia se desarrolla en Kish, una antigua ciudad-estado sumeria situada en lo que hoy en día es Irak. Trata sobre Etana, del cual cuenta la historia que fue el primer rey de Kish. Sin embargo, la Lista de Reyes Sumerios coloca a Etana como el decimotercer rey de Kish, así que es posible que uno de los objetivos de este relato fuera el de reafirmar la influencia histórica de Etana y su alegato de autoridad.

Un tema importante de esta narración es la relación entre padres e hijos. Etana no tiene hijos propios, y esto le causa pesar. Parte de la historia trata sobre sus intentos de engendrar un heredero. Los otros dos personajes importantes de este relato son un águila y una serpiente, las cuales tienen crías a las que están cuidando. El polluelo más joven del águila intenta aconsejar a su progenitor, mientras que las crías de la serpiente acaban siendo víctimas del águila glotona. La serpiente castiga debidamente al águila por su traición, pero esta encuentra su redención cuando ayuda a Etana a conseguir la planta que le permitirá tener a sus propios hijos.

En el principio, los dioses crearon la Tierra y la llenaron de seres humanos. Los dioses también crearon una gran ciudad, la ciudad de Kish. Los Annunaki diseñaron los planos de esta ciudad y los Igigi la construyeron con ladrillos de calidad. Cuando la ciudad estuvo terminada, los dioses ordenaron que se celebrara una gran fiesta para toda la gente, pero los dioses no les dejaron entrar en la ciudad, ya que la gente no tenía un rey que los gobernase y estableciese un orden. Los dioses buscaron por toda la tierra a un hombre para que fuera el rey de la ciudad, y al final, decretaron que Etana debía convertirse en el rey de Kish.

Como agradecimiento a la concesión de su título de rey, Etana construyó un templo en honor al dios de la lluvia Adad, al cual Etana le tenía una reverencia especial. Etana plantó un álamo al lado del templo, y cuando este creció, un águila construyó su nido en sus ramas y una serpiente cavó su madriguera entre sus raíces. El águila le dijo a la serpiente:

—Somos vecinos, así que seamos también amigos.

La serpiente le contestó:

—No puedo hacer esto, ya que has transgredido los deseos de Shamash, el dios del Sol. Pero si me juras que no sobrepasarás los límites que Shamash estableció, podemos ser compañeros. Jurémonos que quien quiera que sobrepase los límites establecidos por Shamash reciba un gran castigo.

El águila aceptó, y así, ambas juraron por el Inframundo que no enfadarían a Shamash. La serpiente y el águila trabajaron juntas desde entonces, turnándose para conseguir presas y llevarlas a sus hogares. Cuando era el día de caza del águila, esta capturaba bueyes salvajes y asnos silvestres que se llevaba al árbol, y la serpiente y sus crías comían de lo que les traía el águila. Cuando era el día de caza de la serpiente, llevaba gacelas y ciervos, y el águila y sus crías comían lo que la serpiente les traía.

Durante un tiempo, el águila y la serpiente vivieron juntas en armonía, cazando sus presas y alimentando una a los hijos de la otra. Sin embargo, el águila pronto comenzó a pensar mal de la serpiente. Conspiraba en su corazón para comerse a los hijos de la serpiente. El águila le dijo a sus crías:

—Tengo en mente comerme a los hijos de la serpiente. Así, la serpiente huirá y tendremos todo el árbol para nosotros.

El polluelo más pequeño le dijo a su padre:

— ¡No, Padre! Ese es un pensamiento malvado. No debes comerte a los hijos de la serpiente, ya que hiciste un juramento a Shamash de que vivirías en paz con la serpiente. ¡Si te comes a sus crías, ten por seguro que Shamash te castigará con toda severidad!

No obstante, el águila no escuchó las palabras del polluelo más pequeño. Esperó hasta que la serpiente se hubo marchado de caza, descendió a las raíces del árbol y se comió a todas las pequeñas serpientes. Aquella noche, cuando la serpiente regresó con sus presas, miró en su madriguera y la encontró vacía. Buscó en el terreno que había fuera del árbol, y los vio atravesado de marcas de los espolones del águila.

La serpiente sintió una profundísima pena. Lloró amargas lágrimas por el dolor de sus hijos muertos, y volvió los ojos al cielo diciendo:

— ¡Oh Shamash, mira lo que le ha sucedido a mi familia! Confié en el águila, y los dos hicimos un juramento. Confié en él, y trabajamos juntos para alimentar a nuestros pequeños. Pero el águila me ha traicionado. Ha devorado a todos mis hijos. Están muertos sin remedio, mientras que sus hijos crecen y prosperan. ¡Oh Shamash, te pido que te vengues del águila por estas muertes y por romper su juramento solemne hacia ti!

Shamash vio las lágrimas de la serpiente y escuchó sus palabras. Le dijo:

—Esto es lo que debes hacer: sal a cazar, encuentra un hermoso buey salvaje y mátalo. Cuando esté muerto, abre su vientre y escóndete en sus entrañas. Los pájaros verán enseguida el buey muerto y se acercarán a devorarlo, y el águila descenderá donde están ellos. Cuando el águila comience a comer de las entrañas, atrápala, córtale las alas y arráncale las plumas de la cola. Luego échala dentro de un hoyo y deja que se muera de hambre y sed allí dentro.

La serpiente hizo lo que Shamash le ordenó. Mató al buey y se escondió dentro de las entrañas de la bestia. El águila vio el buey muerto y les dijo a sus hijos:

— ¡Vamos, démonos un banquete! ¡Hay un enorme buey muerto ahí fuera, y comeremos bien!

Sin embargo, el polluelo más pequeño dijo:

— ¡No, Padre! No debes comer de ese buey. ¿Y si la serpiente está escondida dentro de él? Seguro que está enfurecido porque te has comido a sus hijos. ¡Es posible que te haya tendido una trampa!

El águila no escuchó a su polluelo. Bajó volando adonde se encontraba el buey y comenzó a andar por encima y alrededor de él, tratando de averiguar cuál era la mejor parte para comenzar a comérselo. El águila decidió ir a por las entrañas, pero cuando estuvo lo suficientemente cerca, la serpiente salió de un salto de su escondite y atrapó al águila por las alas.

— ¡Invadiste mi madriguera! ¡Devoraste a mis pequeños! —gritó la serpiente.

El águila grito aterrorizada:

— ¡Ten piedad! ¡No me hagas daño! ¡Si me dejas ir sin tocarme, te daré una gran recompensa!

—No puedo dejarte ir —dijo la serpiente, —ya que al capturarte, estoy siguiendo las órdenes del mismísimo Shamash, y si no actúo tal y como él me manda, recibiré un castigo. ¡Pero no he hecho nada malo y no merezco ser castigado, mientras que tú te has comido a mis hijos, y debes pagar por tu afrenta!

Y así, la serpiente le cortó las alas al águila y le arrancó las plumas de la cola, para luego lanzarla dentro de un hoyo y dejarla morir allí dentro. Cada día, el águila llamaba a Shamash, diciendo:

— ¡No me dejes aquí! ¡No me dejes morir dentro de un hoyo! ¡Si me salvas, me aseguraré de que tu nombre recibe alabanzas de cada lengua y de cada criatura!

Shamash contestó:

— ¿Por qué debería salvarte? Tu acto fue deleznable. Te comiste a los hijos de la serpiente, y rompiste el juramento solemne que me hiciste. No te voy a ayudar, pero tal vez lo haga un hombre mortal.

En aquel tiempo, Etana gobernaba la ciudad de Kish, y solo tenía una pena: no tenía hijos propios. Cada día, Etana le rezaba a Shamash, diciéndole:

— ¡Oh, Shamash, escucha mi oración! Te he ofrecido las mejores bestias de mis rebaños. He derramado la sangre de mis sacrificios para que el Inframundo pueda beber de ella. Honro a todos los dioses, y trato de hacerlo bien, pero aún no tengo hijos. Todopoderoso Shamash, te lo ruego: muéstrame cómo puedo engendrar un hijo. Muéstrame cómo puedo tener un heredero. ¡Enséñame donde crece la planta del nacimiento!

Shamash escuchó las oraciones de Etana y le dijo:

—Sigue el camino que lleva a las montañas. Allí encontrarás un hoyo, y dentro de él, un águila. Esta te mostrará donde está la planta.

Etana hizo lo que Shamash le ordenó. Siguió el camino que llevaba a las montañas, y allí encontró el agujero. El águila oyó a Etana acercarse, y llamó a gritos a Shamash, diciendo:

— ¡Oh poderoso Shamash! ¿Es este el hombre que me prometiste que me iba a ayudar? ¡Dale el don de entender el lenguaje de los pájaros, y permíteme entender el suyo!

Shamash hizo lo que el águila le pidió. Le concedió al águila el poder de entender el lenguaje de Etana, y le dio a Etana el de entender lo que decía el águila. Esta le llamó desde el fondo del pozo:

— ¡Dime por qué estás aquí!

—Estoy buscando la planta del nacimiento —dijo Etana. —El poderoso Shamash me dijo que viniera aquí. Me dijo que tú podrías ayudarme. Soy rey, pero no tengo heredero, y esto me causa un gran pesar.

—Ayúdame —dijo el águila, —y te mostraré donde crece la planta.

Y así, Etana ayudó al águila. Le llevaba comida al ave todos los días para que comiera hasta que sus alas se restablecieron y le crecieron las plumas de la cola. Etana alimentó al ave y le enseñó a volar de nuevo. Durante siete meses, Etana alimentó al águila y le enseñó a volar, y cuando los siete meses terminaron, Etana ayudó al águila a salir del hoyo.

Después de que Etana le hubiera cuidado, el águila se encontraba de nuevo fuerte y en perfecto estado.

—Te doy las gracias por tu ayuda —dijo el águila. —Dime, ¿cómo puedo ayudarte para agradecer tu generosidad?

—Encuéntrame la planta del nacimiento, para que así pueda tener un heredero —dijo Etana.

El águila voló hacia el cielo. Voló por todas partes, pero no pudo encontrar la planta por ningún sitio. El águila volvió donde Etana y le dijo:

—Tal vez sería mejor que me ayudaras a buscar. Ven, súbete a mi espalda. Volaremos juntos y la buscaremos juntos. Iremos sonde Ishtar, la diosa del nacimiento. Tal vez ella nos diga dónde está la planta.

Etana se subió a espaldas del águila. Esta alzó el vuelo, y cuando estuvieron ya muy altos en el cielo, llamó a Etana:

— ¡Mira qué pequeña parece la Tierra desde aquí arriba! ¡Mira lo pequeño que parece el mar!

Volaron cada vez más alto, y la tierra y el mar parecían cada vez más pequeños, hasta que al final estaban tan altos que Etana no podía ver ni la tierra ni el mar, y sintió un profundísimo miedo.

— ¡Amigo, déjame en tierra! —dijo Etana. —No deseo volar hasta lo más alto del cielo. ¡Déjame en tierra, y déjame volver a casa, a mi ciudad!

El águila dejó caer a Etana de su espalda. Etana cayó una legua de distancia, pero el águila lo atrapó entre sus alas. Luego, el águila volvió a dejar caer a Etana y este volvió a caer una legua más. El águila dejó caer a Etana una vez más y lo atrapó cuando Etana se hallaba apenas a tres codos sobre el suelo.

[Aquí falta un trozo de la historia. Esta se reanuda con la escena en la que Etana le cuenta al águila un sueño que tuvo].

Etana le dijo al águila:

—Amigo, anoche tuve un sueño maravilloso. Estoy seguro de que me lo mandaron los dioses. Déjame que te cuente qué pasó. Nos fuimos juntos hacia el cielo, tú y yo. Llegamos a la Casa de los dioses. En primer lugar entramos por las puertas de Anu, Enlil y Ea. Luego atravesamos las puertas de Sin, Shamash, Adad e Ishtar. Nos inclinamos en una profunda reverencia ante los dioses, tú y yo. Cuando hubimos pasado por todas las puertas, vimos una casa ante nosotros. Entramos en ella, y allí se encontraba sentada la mujer más hermosa de todas. Llevaba una corona brillante sobre su cabeza. En esta casa había también un trono finamente tallado, y bajo el trono, había tres leones. Caminé hacia el trono, pero los leones se abalanzaron sobre mí y me desperté, tiritando de miedo.

— ¡Oh! —dijo el águila. —Sé lo que significa, Debo llevarte al cielo. Súbete a mi espalda, y volaremos allá juntos.

Etana se subió a espaldas del águila. Esta alzó el vuelo, y cuando estuvieron arriba en el cielo, le gritó a Etana:

— ¡Mira qué pequeña se ve la tierra desde aquí arriba! ¡Mira qué pequeño se ve el mar!

Volaron cada vez más alto, y la tierra y el mar se veían cada vez más pequeñas, hasta que al final estuvieron tan altos que Etana no pudo ya ver ni la tierra ni el mar. Volaron aún más alto hasta que llegaron al cielo, a la Casa de los dioses. Etana y el águila atravesaron juntos las puertas de Anu, Enlil y Ea. Luego, pasaron por las puertas de sin, Shamash, Adad e Ishtar. Se inclinaron juntos con una profunda reverencia ante los dioses. Una vez hubieron cruzado todas las puertas, encontraron una casa ante ellos. Abrieron la puerta y entraron.

[Falta el resto de la historia, salvo un fragmento que cuenta cómo Etana logró conseguir la planta del nacimiento y volver a casa con ella].

Sección 2: Historias de dioses y diosas

Ishtar desciende al Inframundo

Esta historia cuenta lo que sucedió cuando la diosa Ishtar decidió visitar el Inframundo, el cual está gobernado por Ereshkigal, su hermana mayor y su rival divina. No está del todo claro qué es lo que Ishtar desea conseguir con su visita, pero Ereshkigal parece tener la impresión de que Ishtar trata de suplantarla. Por este motivo, Ereshkigal actúa en consecuencia y despoja a Ishtar de su poder quitándole sus ropas y sus joyas una a una, para que así la diosa se vea obligada a entrar al Inframundo como los muertos humanos, desnuda y sola.

Ishtar es una diosa de la fertilidad. Cuando Ereshkigal la mete en prisión, no se puede ya procrear en la Tierra. El dios Ea crea un hermoso eunuco llamado Asushunamir (aunque algunos traductores afirman que este personaje pudo haber sido un prostituto o un travesti) para engañar a Ereshkigal y que esta deje a Ishtar volver al mundo de los vivos. El asiriólogo Benjamin R. Foster, en su traducción del relato, señala que es posible que los pueblos mesopotámicos entendieran la decisión de enviar a una persona de estas características como algo hecho con toda la intención, ya que Ishtar era la diosa protectora de los prostitutos y travestis y estos trabajaban como artistas. Es por ello que el eunuco entra en el Inframundo para engañar a Ereshkigal.

Parece ser que se omitieron dos fragmentos de esta historia en la versión acadia, los cuales se han encontrado en las notas de Foster sobre este relato. Estas anotaciones tienen que ver con la interacción de Asushunamir con Ereshkigal y con la razón por la que Tammuz es enviado al Inframundo cuando Ishtar vuelve al mundo de los vivos.

Hubo un tiempo en el que la diosa Ishtar, hija del dios de la luna, Sin, decidió ir al Inframundo. Se dirigió al Inframundo, el lugar adonde todos entran pero de donde nadie sale, el lugar donde acaban todos los caminos; un lugar sin luz, donde todos los que en él habitan comen barro y beben polvo.

Ishtar llegó ante las puertas del Inframundo y dijo:

— ¡Guardián, abre las puertas! Ábrelas para mí, si no quieres que las quiebre. Ábrelas para mí, si no quieres que levante a los muertos para que se alimenten de los vivos, y en poco tiempo haya más muertos que seres vivientes. ¡Abre la puerta!

El guardián de las puertas dijo:

— Oh, mi Señora Ishtar, ten paciencia y espera un poco. Debo pedirle permiso a mi señora, Ereshkigal, antes de abrirle la puerta a nadie, incluso si se trata de la Señora Ishtar.

El guardián fue adonde estaba Ereshkigal y dijo:

—Oh mi señora Ereshkigal, tu hermana Ishtar te espera a las puertas del Inframundo y me ordena que se las abra. La que levanta los abismos ante la vista de Ea está aquí, y desea que se le conceda el derecho a entrar.

Ereshkigal se puso pálida al oír las palabras del guardián. "¿Qué debe estar tramando Ishtar en contra mía con esta visita que me está haciendo?", pensaba. "¿Debo unirme a aquellos cuyo camino les ha conducido hasta aquí? ¿Debo habitar en el lugar en el que todos entran pero del que nadie sale? ¿Debo comer barro y beber polvo? ¿Debo llorar por los hombres jóvenes separados a la fuerza de sus novias y de las jóvenes separadas de sus novios? ¿Debo llorar por los mortinatos y por los bebés que tan poco han podido experimentar la vida?".

Acto seguido, Ereshkigal le dijo al guardián de la puerta:

—Ishtar puede entrar, pero asegúrate de que obedece las leyes antiguas.

El guardián regresó a la puerta y le dijo a Ishtar:

—Puedes entrar, Señora Ishtar. Entra y deja que el Inframundo se regocije con tu llegada.

El guardián escoltó a Ishtar hasta la primera puerta. Allí, le quitó a Ishtar su gran corona y abrió la puerta para que pasara.

— ¿Por qué me quitas la corona? —dijo Ishtar.

—Te ruego que entres, mi señora —dijo el guardián. —Te quito la corona porque es una ley antigua de este lugar, y debo hacerla respetar.

El guardián de la puerta condujo a Ishtar a la segunda puerta. Allí, le quitó a Ishtar sus pendientes.

— ¿Por qué me quitas los pendientes? —dijo Ishtar.

—Te ruego que entres, mi señora —dijo el guardián. —Te quito los pendientes porque es una ley antigua de este lugar, y debo hacerla respetar.

El guardián de la puerta llevó a Ishtar hasta la tercera puerta. Allí, le quitó a Ishtar su collar de cuentas.

— ¿Por qué me quitas el collar de cuentas? —dijo Ishtar.

—Te ruego que entres, mi señora —dijo el guardián. —Te quito el collar de cuentas porque es una ley antigua de este lugar, y debo hacerla respetar.

El guardián de la puerta guió a Ishtar hasta la cuarta puerta. Allí, le quitó a Ishtar los broches con los que sujetaba sus ropas.

— ¿Por qué me quitas los broches de mis ropas? —dijo Ishtar.

—Te ruego que entres, mi señora —dijo el guardián. —Te quito los broches de tus ropas porque es una ley antigua de este lugar, y debo hacerla respetar.

El guardián de la puerta escoltó a Ishtar a la quinta puerta. Allí, le quitó a Ishtar su cinturón guarnecido con piedras natalicias.

— ¿Por qué me quitas el cinturón guarnecido con piedras natalicias? —dijo Ishtar.

—Te ruego que entres, mi señora —dijo el guardián. —Te quito el cinturón guarnecido con piedras natalicias porque es una ley antigua de este lugar, y debo hacerla respetar.

El guardián de la puerta condujo a Ishtar a la sexta puerta. Allí, le quitó a Ishtar las pulseras de sus muñecas y las tobilleras de sus pies.

— ¿Por qué me quitas las pulseras de las muñecas y las tobilleras de los pies? —dijo Ishtar.

—Te ruego que entres, mi señora —dijo el guardián. —Te quito las pulseras de las muñecas y las tobilleras de los pies porque es una ley antigua de este lugar, y debo hacerla respetar.

El guardián de la puerta llevó a Ishtar a la séptima puerta. Allí, le quitó a Ishtar las ropas de su cuerpo.

— ¿Por qué me quitas las ropas de mi cuerpo? —dijo Ishtar.

—Te ruego que entres, mi señora —dijo el guardián. —Te quito las ropas de tu cuerpo porque es una ley antigua de este lugar, y debo hacerla respetar.

Ishtar llegó ante la presencia de Ereshkigal, la cual temblaba de rabia. Sin esperar a que Ereshkigal comenzara a hablar, Ishtar se le acercó.

Ereshkigal ordenó con un grito:

— ¡Namtar, mi sabio consejero! ¡Llévate a Ishtar de mi presencia ahora mismo! Que se llene de enfermedades de todo tipo: enfermedades de los ojos y de la piel, enfermedades de las manos y de los pies, enfermedades del corazón y de la cabeza. ¡Llévatela y atácala con todo esto!

Y así sucedió que Ishtar quedó presa en el Inframundo, maldecida por Ereshkigal. Y sobre la Tierra, el toro no montaba a la vaca. El joven novio no yacía con su novia. El marido dormía en una habitación, y la esposa en otra.

Papsukkal, el sabio consejero de los Annunaki, vio lo que sucedía en la Tierra, y estaba profundamente apesadumbrado por ello. Se sumió en el duelo, llevando ropas desgastadas y dejando que su cabello se enredara y se despeinara. Estando de luto, Papsukkal fue adonde Ea y dijo:

—La Señora Ishtar se fue al Inframundo, y todo está yendo mal. El toro no monta a la vaca. El joven novio no quiere yacer con su novia. El marido duerme en una habitación, y la esposa en otra.

Ea oyó las palabras de Papsukkal y vio su pena. Por consiguiente, Ea creó a Asushunamir, un eunuco de gran belleza. Ea le dijo a Asushunamir:

—Baja al Inframundo. Ve con la Señora Ereshkigal; quedará extasiada contigo. Cuando hayas aplacado su rabia, pídele que jure por los Annunaki, y luego pídele que te dé su pellejo de agua para que puedas beber.

Asushunamir hizo lo que Ea le ordenó, pero cuando pidió el pellejo de agua, Ereshkigal montó en cólera:

— ¡Cómo te atreves a pedirme tal cosa! No tienes derecho a ello. ¡Que caiga sobre ti una maldición! Pedirás mendrugos de pan de los panaderos de la ciudad, y beberás de la alcantarilla pública. Solo podrás estar en las sombras, y solo podrás vivir en los huecos de las puertas de entrada. Tanto los borrachos como los sobrios te pegarán en la cara.

Acto seguido, Ereshkigal le dijo a Namtar:

—Vete al E-galgina, el Palacio Eterno. Decora sus puertas de entrada con corales y finas conchas. Trae a los Annunaki, que se sienten en tronos dorados. Toma el Agua de la Vida, y rocía un poco sobre Ishtar. Luego sácala de aquí; llévatela fuera del Inframundo.

Namtar hizo lo que Ereshkigal le mandó. Decoró las puertas del E-galgina con corales y finas conchas. Invitó a los Annunaki a pasar y a sentarse en tronos de oro. Tomó el Agua de la Vida y roció un poco de ella sobre Ishtar. Luego, la llevó a las puertas del Inframundo.

En la primera puerta, le devolvió a Ishtar las ropas que llevaba sobre su cuerpo y la dejó pasar.

En la segunda puerta, le devolvió a Ishtar las pulseras de sus muñecas y las tobilleras de sus pies y la dejó pasar.

En la tercera puerta, le devolvió a Ishtar el cinturón de piedras natalicias y la dejó pasar.

En la cuarta puerta, le devolvió a Ishtar los broches de sus ropas y la dejó pasar.

En la quinta puerta, le devolvió a Ishtar su collar de cuentas y la dejó pasar.

En la sexta puerta, le devolvió a Ishtar sus pendientes y la dejó pasar.

En la séptima puerta, le devolvió a Ishtar su gran corona y la dejó pasar.

Ereshkigal también le dijo a Namtar:

—Si Ishtar no te paga el precio de su rescate, debes hacer que vuelva al Inframundo. Cuando la dejes ir, trae para acá a Tammuz, su amante. Báñalo con el agua más clara, y úngelo con aceite fragante. Vístelo con finas ropas rojas y dale una flauta de lapislázuli para que toque música con ella, y un anillo de cornalina para adornar su dedo. Envíale prostitutas para que se deleite con ellas.

Ishtar se alzó del Inframundo y encontró a Tammuz muy a gusto, tocando con su flauta y gozando con las prostitutas.

— ¿Qué estás haciendo? —dijo. — ¿Por qué no guardas luto al ver que he estado cautiva en el Inframundo?

Tras esto, Ishtar maldijo a Tammuz diciendo:

— ¡Que la Señora Ereshkigal te tome en mi lugar!

Belili, la hermana de Tammuz, se estaba adornando con joyas cuando el lamento de Tammuz alcanzó sus oídos. Echó a un lado sus joyas y gritó:

— ¡No me apartes de mi hermano! El día que vuelva Tammuz, la flauta de lapislázuli y el anillo de cornalina se regocijarán. Todos los que lloran y se lamentan se regocijarán, y los muertos olerán el incienso.

Nergal y Ereshkigal

Existen dos versiones del siguiente mito. La más antigua, que se encontró en la ciudad de Tell-el-Amarna, Egipto, aparentemente data de los siglos XV o XIV AEC. Esta versión es relativamente corta y trata sobre la violenta toma del poder del Inframundo por parte del dios Nergal con la ayuda de un grupo de demonios. Una función importante de esta versión del texto es que indica que, al parecer, aprender acadio era de gran utilidad para los escribas egipcios.

En la versión babilonia, más larga y posterior a la primera, Nergal recibe instrucciones especiales de parte de Ea sobre cómo debe comportarse para no acabar preso en el Inframundo, incluyendo la orden de no sucumbir a ningún deseo que pudiera tener hacia Ereshkigal, la diosa del Inframundo, sin importar la forma en que esta le tiente. Naturalmente, Nergal sigue todas las órdenes de Ea excepto la que tiene que ver con el deseo, y al final asciende al trono del Inframundo cuando se convierte en el amante de Ereshkigal. La versión que presentamos aquí es la segunda y la más larga, aunque, por desgracia, su final se ha perdido.

Hubo un tiempo en el que los dioses decidieron celebrar un gran banquete, por lo que enviaron un mensajero al Inframundo, al lugar donde la diosa Ereshkigal vivía y gobernaba. El mensajero le dijo a Ereshkigal:

—Los dioses, mis amos, me ordenan que te diga que van a celebrar un gran banquete. No puedes subir a sus dominios, y ellos no pueden bajar a los tuyos, así que envía a un siervo ante los dioses para que te traiga tu parte del banquete.

Ereshkigal llamó ante su presencia a su principal consejero, Namtar:

—Sube al lugar donde los dioses están celebrando su banquete —dijo Ereshkigal. —Dales un cordial saludo a los demás dioses, y tráeme mi parte.

Namtar se dirigió a la morada de los dioses, donde estaban sentados para el banquete. Cuando Namtar entró en la cámara donde este tenía lugar, los dioses se levantaron para recibirle. Sin embargo, uno de los dioses se quedó sentado: Nergal. Este se negó a hacer los honores al consejero principal de la diosa del Inframundo.

Cuando Namtar regresó al Inframundo con la parte del banquete de Ereshkigal, le contó lo que había pasado y cómo Nergal se había negado a levantarse para honrarle como mensajero de la diosa. Ereshkigal estaba sumamente agraviada:

—Vuelve a los dominios de los dioses. ¡Ve hacia allá y tráeme al que no te honró para que pueda matarlo!

Namtar volvió al dominio de los dioses y les dijo:

—Cuando vine para recoger la parte del banquete de Ereshkigal, hubo uno de vosotros que no se levantó para recibirme. Tengo órdenes de llevármelo conmigo para que pueda asumir las consecuencias de su desplante.

Namtar miró por todo el salón, pero no vio a Nergal entre los demás dioses, ya que Nergal estaba muy asustado y se había agazapado detrás de los demás para que Namtar no lo viera.

Este volvió al lado de Ereshkigal y le dijo:

—Fui a los dominios de los dioses. Busqué al que me hizo la afrenta, pero no estaba allí.

—Vuelve a los dominios de los dioses —dijo Ereshkigal, —y pídele ayuda a nuestro padre Ea. Dile que el que no se levantó para recibirte debe acudir a mis dominios para asumir las consecuencias de su desplante.

Y así, Namtar volvió por tercera vez a los dominios de los dioses. Se acercó dónde estaba Ea y le dijo:

—Ereshkigal, mi señora, exige que envíes al Inframundo al que me hizo la afrenta para que pueda responder por su desplante.

Ea estuvo de acuerdo y envió de vuelta a Namtar al Inframundo para darle a Ereshkigal su palabra de que le enviaría a Nergal. Acto seguido, Ea llamó a Nergal ante él. Nergal estaba terriblemente asustado, ya que sabía por qué habían enviado a Namtar.

— ¡Oh Padre Ea! —le rogó Nergal. —No me despidas. ¡No me mandes al Inframundo, ya que seguro que Ereshkigal me mata!

—No tengas miedo —dijo Ea. —Estarás seguro si sigues mis indicaciones. Haz una silla para ti y llévatela al Inframundo. Cuando la gente del Inframundo te ofrezca asiento, no lo aceptes. En vez de ello, siéntate en tu propia silla. Si te ofrecen comida o bebida, debes rechazarla. Y si Ereshkigal te muestra su cuerpo, debes rechazarlo también.

Nergal tomó su hacha y fue a talar árboles para hacer su silla. La diseñó bien y la decoró con colores brillantes. Una vez hecho esto, partió para el Inframundo.

Tras un largo viaje, llegó a las puertas de los dominios de Ereshkigal. Nergal llamó tocando a las puertas. Un guardia le observó a través de la mirilla y dijo:

—¿Quién eres y qué encargo te trae por aquí?

—Soy Nergal, y vengo en respuesta a la llamada de Ereshkigal.

—Espera aquí —dijo el guardia. —Debo preguntar si he de permitirte la entrada.

El guardián fue a llamar a Namtar:

—Hay un dios en la puerta. Dice que viene en respuesta a la llamada de la Señora Ereshkigal.

Namtar se acercó a la puerta. Echó un vistazo a través de la mirilla, y cuando observó a Nergal esperando al otro lado, se comenzó a agitar de rabia. Namtar fue adonde Ereshkigal y le dijo:

—El dios que me hizo la afrenta está aquí, en la puerta. ¿Qué debemos hacer con él?

—Tú no eres quien debe emitir un juicio sobre él —dijo Ereshkigal. —Tráelo a mi presencia. Me encargaré de él como vea conveniente.

Namtar volvió a la puerta y dejó pasar a Nergal. Namtar condujo a Nergal a través de las siete puertas del Inframundo, una a una, hasta que llegaron al patio de Ereshkigal. Allí, Nergal se arrojó a los pies de la diosa.

—Nuestro padre Ea me envía a tu reino —dijo. —Estoy aquí y cumpliré tu voluntad.

—Siéntate en este trono —dijo Ereshkigal. —Siéntate aquí en mi trono y emite un juicio.

Sin embargo, Nergal se acordó de las indicaciones de Ea y no se sentó en el trono de Ereshkigal. En lugar de ello, se sentó en su propia silla.

Ereshkigal ordenó a sus sirvientes que le llevaran comida a su invitado. Colocaron la comida y la bebida ante Nergal pero este recordó las indicaciones de Ea, y no las tocó.

Entonces, Ereshkigal dijo:

—Es hora de que vaya a bañarme.

Se fue a su baño, y se aseguró de que Nergal podía verla mientras se quitaba sus ropas. Se aseguró de que Nergal podía ver su cuerpo.

Cuando Nergal vio lo hermosa que era Ereshkigal y lo bello que era su cuerpo, se sintió invadido por el deseo hacia ella. Se le acercó y la abrazó. Se fueron juntos a la cama, donde se deleitaron el uno en el otro como hacen los hombres y las mujeres. Estuvieron allí durante seis días, deleitándose el uno en el otro.

Al séptimo día, Nergal se levantó de la cama de Ereshkigal.

—Ahora tengo que dejarte —dijo Nergal, — pero no temas. Volveré a tu lado.

Nergal se acercó al guardián de la puerta diciéndole:

— ¡Debes dejarme salir! La diosa Ereshkigal ha dicho que se me permite volver a los dominios de los dioses.

El guardián dejó salir a Nergal. Este subió al dominio de los dioses. Estos lo vieron regresar y dijeron:

— ¡Mirad! ¡Nergal ha vuelto! Que Ea le bendiga con agua fresca, y que se siente de nuevo entre nosotros y coma nuestra comida y beba nuestra bebida.

Y así, Nergal se vio de nuevo en compañía de los dioses en sus dominios, parpadeando con las gotas de agua fresca que Ea roció sobre él.

Ereshkigal, por su parte, no sabía a ciencia cierta que Nergal había abandonado el Inframundo. Llamó a sus criados para que rociaran agua fresca sobre él y que le sirvieran comida y bebida, pero entonces, Namtar entró en su cámara, diciendo:

—¡Nergal no está aquí! ¡Ha abandonado el Inframundo y ha regresado al dominio de los dioses!

Ereshkigal gritaba desesperada

—¡Ay de mí! —gritaba. —¡Ay, que Nergal me ha abandonado! Mi cama estará fría. Mis noches estarán vacías. Nunca volveré a conocer el deleite. ¡Ay de mí!

Namtar le dijo a Ereshkigal:

—Permíteme regresar al dominio de los dioses. Déjame pedirles a Anu y a Enlil y a Ea que le permitan a Nergal regresar a tu lado.

—Sí, mi sabio consejero —dijo Ereshkigal. —Sí; vuelve al dominio de los dioses. Dile a Anu y a Enlil y a Ea que deben devolverme a Nergal. Siento una sacudida en mi vientre; seguro que me ha hecho engendrar un hijo. También debes decirles que si no me devuelven a Nergal, levantaré a los muertos. Levantaré a los muertos y los enviaré a la tierra de los vivos. ¡Los muertos se comerán a los vivos, y no quedará ni uno con vida!

Namtar subió al dominio de los dioses. Se presentó ante Anu y Enlil y Ea, y les contó lo que la diosa había dicho:

—Ereshkigal exige que le devolváis a su amante. Le ha hecho concebir un hijo. Llora por su cama fría y vacía. Ella desea que él regrese. Si no lo hace, Ereshkigal alzará a los muertos, y estos se comerán a los vivos hasta que no quede ni uno con vida.

—Muy bien —dijo Ea. —Busca al que quieres encontrar. Mira a ver si está entre nosotros.

Namtar buscó entre el grupo de los dioses. Miró a uno a la cara, y al otro, y cuando llegó a un dios al que habían rociado la cabeza con agua, no se dio cuenta de que era Nergal.

Así, Namtar volvió al Inframundo, y le contó a Ereshkigal lo que había pasado:

—Fui al dominio de los dioses. Le di tu mensaje a Anu y a Enlil y a Ea. Busqué entre el todo el grupo de los dioses, pero no vi al que tú deseabas. Busqué entre todos ellos, incluso vi a uno que estaba parpadeando por el agua con el que le habían rociado con agua su cabeza.

— ¡Es ese! —dijo Ereshkigal. —El que tiene agua en su cabeza es el que deseo. Vuelve al dominio de los dioses y dile que tienen que enviarme a ese.

Namtar volvió al dominio de los dioses. De nuevo, buscó entre su grupo, tratando de localizar al que tenía que llevar de vuelta ante Ereshkigal. Al fin, encontró a Nergal. Namtar le dijo:

—Debes volver conmigo al Inframundo. Ereshkigal te desea y quiere que vayas y vivas con ella en sus dominios.

—Muy bien —dijo Nergal. —Volveré contigo.

Acto seguido, Namtar dijo:

—Escucha bien a mis instrucciones. En cada puerta, debes darle al guardián que se encuentra en ella algo que te pertenece, pero no dejes que el guardián te atrape.

Cuando Namtar volvió a los dominios de Ereshkigal, Nergal se preparó. Pensaba en las palabras de Namtar. Tomó su arco y sus flechas, y bajó al Inframundo. Cuando Nergal llegó a la primera puerta, le ordenó al guardián que le dejara entrar. El guardián abrió la puerta, pero antes de que pudiera pedirle a Nergal alguna de sus pertenencias, antes de que el guardián pudiera atrapar a Nergal, este lo derribó de un disparo. Nergal llegó ante la segunda puerta, y allí derribó al guardián de un disparo. Nergal fue a la tercera puerta y a la cuarta, y en cada puerta del Inframundo, derribó al guardián de un disparo.

Finalmente, Nergal llegó al patio donde estaba Ereshkigal. Corrió adonde se encontraba ella sentada en su trono. Tomó su larga cabellera y la atrajo hacia sí en un abrazo. Se abrazaron apasionadamente, y se fueron a la cama de Ereshkigal, donde una vez más se deleitaron el uno en el otro. Allí estuvieron el primer día y el segundo. Allí estuvieron el tercero, y el cuarto, y el quinto, y el sexto día. Y en el séptimo día, Anu envió su mensajero a Ereshkigal y Nergal, adonde ellos vivían en sus dominios del Inframundo.

[*La parte que falta de esta historia se ha perdido*].

Ninurta y el Ave Anzu

El Ave Anzu es una criatura mítica que aparece tanto en las historias sumerias como en las acadias. Con su cabeza de león y su cuerpo de pájaro, esta bestia terrorífica estaba asociada con el trueno, y podía ser un personaje bondadoso o malvado dependiendo del relato.

Es el personaje malvado el que entra en escena en esta historia. El Ave Anzu se convierte en el guardián de la morada de los dioses, y cuando ve las Tablillas del Destino que guarda Enlil, le invaden la codicia y el ansia del poder que las tablillas representan. Un día, cuando Enlil se está dando un baño, el Ave Anzu roba las tablillas, se escapa a las montañas con ellas y sume al universo en el caos, ya que el centro del que emana la autoridad ha desaparecido de manos de Enlil y se le ha dado a un pájaro caprichoso. Cuando el Ave Anzu (o "Anzu", para una mayor sencillez) se niega a devolver las tablillas, los dioses envían al héroe Ninurta a que las recupere. En una serie de batallas que incluyen tanto pericia marcial como magia, Ninurta recupera las tablillas al final y se las devuelve a su legítimo dueño, lo que también devuelve el orden al cosmos.

Ninurta es un dios, hijo de Enlil y de la diosa Madre Ninhursag. Ninurta está asociado tanto con la agricultura como con el ejercicio de la ley, y tanto en los relatos sumerios como en los acadios, es el único héroe al que los dioses en persona recurren cuando un enemigo poderoso aparece y debe ser destruido.

En el tiempo en el que el gran Tigris y el Éufrates ya se habían creado, sus acequias ya se habían cavado para que fluyeran por toda la tierra pero antes de que estuvieran llenas de agua, y en el tiempo anterior a que se hubieran creado lugares de honor para los Igigi, los dioses Menores del Cielo, el gran dios Enlil se dirigió a los Igigi y les dijo:

— ¡Mirad! Ha llegado a la montaña una enorme ave, el Ave Anzu, cuyo pico es como una sierra. No sé de dónde viene Anzu; puede que haya nacido de la tierra misma, o puede que haya nacido de la piedra de la montaña misma. Propongo que traigamos aquí al Ave Anzu para que nos sirva. Démosle a guardar nuestros objetos más sagrados.

Y así, Anzu fue conducido al Duranki, la morada de los dioses, para custodiar los objetos más sagrados. Cada día, Enlil entraba en la cámara sagrada y se bañaba a sí mismo con agua bendecida, y Anzu montaba guardia para él mientras se bañaba. Anzu escoltaba al señorial Enlil, custodiaba sus finas ropas y su corona de oro, pero sobre todo, Anzu vigilaba las Tablillas del Destino, que se encontraban en el poder de Enlil. Anzu custodiaba las Tablillas, y en su corazón surgió el deseo de llevárselas solo para él.

— ¡Ah, si pudiera ser el dueño de las Tablillas! —se dijo Anzu a sí mismo. —Sería el primero de todos los dioses. Todos se tendrían que inclinar ante mí. Todos los Igigi serían mis esclavos. ¡Las Tablillas tienen que ser mías!

Anzu esperó hasta el momento en el que Enlil se fue al lugar más sagrado para bañarse con agua consagrada. Cuando Enlil hubo dejado a un lado su corona de oro y sus finas vestimentas, cuando hubo dejado a un lado las Tablillas del Destino y entrado en el agua sagrada, Anzu descendió sobre las Tabletas. Tomó las Tabletas del Destino con sus espolones y se alejó volando a la montaña donde había nacido. Enlil vio a Anzu llevarse las Tablillas. Vio a Anzu alejarse volando con la autoridad de los dioses, dejando la morada de los Igigi sin nada de su poder.

Los dioses se reunieron para tomar consejo unos de otros sobre lo que debían hacer. Muy pronto se decidió que alguien debía subir a la montaña, matar a Anzu y traer de vuelta las Tabletas a sus legítimos dueños.

En primer lugar, los dioses se dirigieron a Adad, hijo de Anu.

—Ve y mata a Anzu —dijeron los otros dioses. —Eres un guerrero fuerte y valiente. Eres el dios de las tormentas y la lluvia. Controlas el agua de las acequias. Tienes lugares sagrados por todo el mundo, y todos alabarán tu nombre si realizas esta hazaña.

Sin embargo, Adad dijo:

—Esa montaña es infranqueable. Nadie puede escalarla. Anzu tiene las Tablillas del Destino. Ahora toda la autoridad y el poder residen en él. Seguro que si trato de quitarle las Tablillas del Destino, me destruirá. No, no voy a ir. Encontrad a otro que se encargue de esta misión.

Acto seguido, los Igigi se dirigieron a Erra, hijo de Annunitum, y le pidieron que fuera a matar a Anzu y que trajera de vuelta las Tablillas, pero Erra les dio la misma respuesta que Adad: no iba a ir.

Después, los Igigi se lo pidieron a Shara, hijo de Ishtar.

—Ve, escala la montaña y mata a Anzu —le dijeron. —Eres un guerrero fuerte y valiente. Eres el dios de la guerra e hijo de la diosa Ishtar. Tendrás lugares sagrados por todo el mundo, y todos alabarán tu nombre si realizas esta hazaña. ¡Trae de vuelta las Tablillas!

Pero Shara les dio la misma respuesta que Adad y Erra: no iba a ir.

Los dioses se sintieron cada vez más contrariados. Discutían los unos con los otros y se echaban la culpa de que nadie quisiera escalar la montaña. Nadie mataría al Ave Anzu ni traería de vuelta las Tablillas. Todos tenían miedo del poder de Anzu.

Ea se mantuvo al margen del resto de dioses y de sus disputas. Reflexionó durante un largo tiempo, y luego se dirigió a su padre, Anu, y le dijo:

—Déjame que sea el que encuentre un guerrero. Seguro que puedo encontrar a alguien que vaya a las montañas para enfrentarse a Anzu y traer las Tablillas de vuelta.

Anu pensó que este era un buen plan, y cuando Ea les dijo a los Igigi lo que tenía en mente, le alabaron de viva voz.

En primer lugar, Ea hizo que los dioses convocaran a la diosa Mami. Estos le dijeron:

—Oh, Ama Divina, necesitamos tu auxilio. Necesitamos que nos traigas a tu amado hijo, el fuerte y valeroso Ninurta, ya que solo él puede liberarnos de nuestro suplicio. Te rogamos que le pidas ayuda.

Mami se fue adonde su hijo y le contó lo que Ea y los Igigi habían dicho:

—Debes ir a la montaña y matar a Anzu. Debes traer de vuelta las Tabletas del Destino. Los salones de los dioses han perdido su lustre, y aquí ya no hay ningún poder ni autoridad. Escala la montaña. Lleva contigo tu arco poderoso, y atraviésalo con tus flechas. Rodéalo con neblinas y niebla para que no pueda verte. Brilla tanto como el sol para que quede cegado ante tu presencia. Mata a Anzu y trae de vuelta las Tabletas, y se construirán templos en tu honor por todo el mundo.

Ninurta acató las indicaciones de su madre. Se armó y se puso en camino hacia la montaña. Cuando Anzu vio a Ninurta acercándose, se enfadó muchísimo:

— ¿Cómo te atreves a venir a enfrentarme? ¿Cómo te atreves a amenazar al portador de las Tablillas del Destino? ¡Ahora yo soy la autoridad! ¡El poder de los dioses es mío! ¡Lárgate!

Ninurta le respondió:

— ¡Soy Ninurta! He venido del sagrado Duranki, y me envían los propios dioses. He venido a matarte y a llevarles de vuelta lo que les has robado indignamente. ¡En guardia, vil demonio!

Anzu se encolerizó con las palabras de Ninurta y cubrió la montaña de oscuridad. Gruñendo, se abalanzó sobre el valiente Ninurta, y pelearon juntos por toda la montaña. Lucharon mucho y durante un largo rato, y al final, la armadura de Ninurta estaba salpicada de sangre, pero el Ave Anzu no moría.

Ninurta tomó su poderoso arco y apoyó una flecha en la cuerda. Lanzó a volar la flecha, disparándola al corazón de Anzu. Este vio la flecha y le dijo:

— ¡Ástil de la flecha! Devuelve tu caña a la orilla del río. ¡Plumas! Volved al ave de donde procedéis. ¡Arco! Devuelve tu madera al bosque. ¡Cuerda! Devuelve tu tripa a la oveja de la que procedes.

Y así fue como la flecha de Ninurta no pudo alcanzar a Anzu. La flecha se alejó y no dañó al ave, y no importaba lo que Ninurta intentara: no pudo conseguir de ninguna de las maneras que el arco se tensara. El Ave Anzu había hechizado a la poderosa arma, y ya no le era a Ninurta de ninguna utilidad.

Ninurta pidió ayuda. Llamó al dios Adad y le dijo:

— ¡Oh Adad! Ve junto a nuestro Padre Ea y dile que no puedo matar al Ave Anzu. Hemos peleado, pero no puedo derrotarle, y ha hechizado mi arco poderoso y mis flechas veloces, por lo que no me sirven de nada. Dile esto a Ea, y vuelve a mí con su respuesta.

Adad hizo lo que Ninurta le pidió. Se fue adonde Ea y le dijo lo que había sucedido en la montaña; cómo Ninurta no había podido matar al pájaro, y como Anzu había hechizado las flechas y el arco de Ninurta.

Ea le contestó:

— ¡Hijo mío, no tengas miedo! ¡No cejes en tu empeño! Saldrás victorioso de esta. Ataca al Ave Anzu, y atácale sin descanso. Atácale hasta que se canse y no pueda seguir luchando. Lucha contra él hasta que todas las plumas se le caigan de las alas, y luego, córtalas con tu espada. Anzu tratará de volver a colocarlas en su sitio, pero no temas: una vez haya perdido sus alas, no podrá oponerte resistencia. Invoca a los vientos, y pídeles que se lleven volando sus plumas y sus alas. Entonces podrás retomar tu poderoso arco y lanzarle una rápida flecha al pecho. ¡Agarra a Anzu por el cuello, toma tu espada y abre de un tajo su garganta!

"Haz estas cosas y hazlas bien. Trae de vuelta las Tablillas del Destino a sus legítimos dueños. Restaura el orden. Haz estas cosas, y tendrás muchos templos y muchos honores, tanto en el cielo como en la Tierra.

Adad volvió al lado de Ninurta y le contó todo lo que Ea le había dicho. Ninurta prestó mucha atención y se pertrechó para la batalla una vez más. Tomó su poderosa espada, la Siete en la Batalla. Invocó a los siete vientos, los que crean las tormentas de polvo. Invocó a los vientos para que fueran su ejército, y los preparó para la guerra.

Ninurta se abalanzó de nuevo sobre el Ave Anzu. La batalla se tornó fiera de nuevo, pero Ninurta no cesaba de ejercer presión con sus ataques. Una y otra vez hostigaba al enorme pájaro. Una y otra vez, Ninurta hizo presión sobre él hasta que a Anzu comenzaron a caérsele las plumas de las alas por el cansancio. Cuando Ninurta lo vio, tomó la espada y cortó de un tajo las alas de Anzu. Este intentó volver a colocar las alas en su sitio:

— ¡Ala con ala! —gritó.

Sin embargo, antes de que pudiera completar su hechizo, Ninurta colocó una rápida flecha en su poderoso arco y clavó la punta bien profunda en el pecho del Ave Anzu.

Ninurta no cejó en su lucha hasta que el pájaro estuvo muerto. Primero, fue y mató a la montaña. Ninurta mató a la montaña que el Ave Anzu había profanado. Luego, inundó los valles que la rodeaban. Una vez hecho esto, Ninurta tomó las Tablillas del Destino que Anzu había robado y partió a la morada de los dioses.

Mientras Ninurta aún estaba de regreso, los Igigi tuvieron un presagio. Un gran número de plumas entraron volando a la morada de los dioses; las plumas del Ave Anzu. Daga, dios del grano en crecimiento, vio las plumas y llamó a los demás dioses, diciendo:

— ¡Regocijaos! El héroe Ninurta ha matado al Ave Anzu y ha traído de vuelta las Tablillas del Destino. ¿Lo veis? Aquí están las plumas del enorme pájaro, entrando con el viento en nuestra morada. ¡Regocijaos!

Muy pronto, el valeroso Ninurta regresó portando las Tablillas del Destino en sus poderosos brazos. Ninurta colocó las Tablillas en el regazo de Enlil, devolviéndoselas a su legítimo dueño y restaurando el orden de todo lo que existe.

Enlil dijo:

— ¡Contemplad! ¡El héroe Ninurta ha matado al Ave Anzu y traído de vuelta las Tablillas del Destino! Alabemos su nombre de aquí en adelante, tanto en el cielo como en la Tierra. Que tenga muchos templos y que reciba muchos nombres sagrados. ¡Alabado sea el héroe Ninurta!

Adapa y el Viento del Sur

Esta breve historia puede parecer relativamente simple en un primer vistazo, pero contiene un alto grado de profundidad y complejidad. El relato de Adapa es al mismo tiempo la historia de un embaucador, un relato sobre la relación entre la humanidad y la divinidad, un cuento sobre el rechazo fatal de la inmortalidad que realizó un hombre que supuestamente tenía una sabiduría divina (o que rechazó sabiamente la inmortalidad) y una fábula sobre el origen de las cosas que trata sobre por qué los seres humanos son mortales y están separados de los dioses. Algunos estudiosos han encontrado un precursor del relato del Génesis de Adán y Eva en el jardín del Edén en el mito de Adapa, en el que los dioses ponen la vida eterna al alcance del (los) protagonista(s) y estos, al final, no la alcanzan.

No obstante, las funciones de la comida y de la obediencia y su peso en el desenlace de cada una de estas historias son diferentes.

En ambas, un ser divino les dice a los personajes principales que no tomen la comida de los dioses que está a su alcance. Adapa obedece las órdenes de Ea de no comer del alimento de los dioses, mientras que Adán y Eva desobedecen y se comen el fruto prohibido. Más tarde, Adapa recibe un escarmiento de parte del gran dios Anu por no haberse comido el alimento de la vida, pero Adán y Eva son enviados al exilio del paraíso por haber tomado el fruto prohibido.

Hubo una vez un hombre llamado Adapa que contaba con el favor de los dioses y que era hijo del dios Ea. Los dioses le proporcionaron una gran sabiduría; una sabiduría semejante a la de ellos mismos, pero no le otorgaron a Adapa la vida eterna.

Adapa vivía en la ciudad de Eridú, y Ea le dio autoridad sobre todas las cosas para que pudiera emitir juicios sobre las personas. Adapa era un hombre sabio, y también piadoso. Hacía trabajos para el templo horneando las hogazas de pan sagradas y capturando los peces sagrados. Adapa era el que abría las puertas del templo, y Adapa era quien las cerraba de nuevo.

Un día, Adapa bajó al puerto, ya que necesitaba peces para alimentar a los dioses. Adapa se acercó al muelle donde estaba atracado su pequeño barco de pesca. Se subió al barco y salió a navegar. Con el poder que le habían dado los dioses, dirigió su barco con el timón hacia aguas abiertas, donde echó sus redes para atrapar peces.

Tras haber capturado los peces suficientes, Adapa se dispuso a retornar a puerto. El mar había estado calmo y sin marejada en todo el día. La navegación y la pesca de Adapa habían sido fáciles y muy agradables. Sin embargo, cuando trató de volver a puerto, el Viento del Sur sopló sobre él. El poder del viento era tan grande que el barquito de Adapa zozobró, y toda su pesca se perdió.

Esto puso a Adapa muy enfadado.

— ¡Que se rompa tu ala! —le dijo al Viento del Sur.

Tan pronto como dijo esto, el ala del Viento del Sur se rompió. El Viento del Sur ya no podía soplar del mar a la tierra. Durante siete días, no hubo ningún viento refrescante del mar. Durante siete días, el calor del sol no quedó mitigado por la brisa sureña procedente del mar.

El dios Anu sufría mucho a causa del calor. Llamó a su lado a Ilabrat, su mensajero.

—Dime, Ilabrat —dijo Anu, — ¿cómo es que no sopla la buena brisa del mar? ¿Dónde están los vientos refrescantes?

—Oh Anu —dijo Ilabrat, —es porque el hombre Adapa le ha roto el ala al Viento del Sur, y no puede soplar para traernos la frescura del mar a la tierra.

— ¡Oh! —gritó Anu. —Oh, este es un gran insulto. ¡Trae al hombre Adapa ante mi presencia para que responda por lo que ha hecho!

Ea se enteró de la ira de Anu hacia Adapa, así que fue adonde su hijo y le habló así:

—Vas a presentarte ante el dios Anu por haberle roto el ala al Viento del Sur. Vístete con ropajes harapientos. Déjate el cabello sin peinar. Compórtate como si estuvieras sumido en un profundo luto.

"Cuando llegues a la puerta de la casa de Anu, habrá dos dioses esperándote allí. Estos son Tammuz y Gizzida, y te preguntarán por qué estás de luto. Debes decirles que estás de luto por dos dioses que han desaparecido. Te preguntarán cuáles, y debes decirles: "Tammuz y Gizzida". Se reirán divertidos por esto y te conducirán ante la presencia de Anu. Entonces te presentarán de forma favorable para ti.

"Tammuz y Gizzida te pueden ofrecer el alimento de la muerte y la bebida de la muerte. ¡No te lo comas! ¡No te la bebas! Eso sí, si te ofrecen ropas limpias y aceite para ungir tu cuerpo, ponte las ropas y úngete con el aceite tú mismo. ¡No te olvides de lo que te he dicho!

Adapa hizo lo que Ea le indicó. Se vistió con ropas harapientas. Se dejó el cabello despeinado. Adoptó una actitud de duelo. Y de esta guisa, se acercó a las puertas de la casa de Anu, donde Tammuz y Gizzida estaban vigilando en la parte exterior de la puerta.

Cuando los dos dioses vieron a Adapa, dijeron:

— ¡Adapa! ¿Qué te pasa? ¿Por qué vas por ahí cubierto de harapos, con el pelo desaliñado y con un gesto de duelo?

—Oh —dijo Adapa, —es algo ciertamente muy triste. ¡Han desaparecido dos dioses! Han desaparecido y nunca volverán, así que estoy guardando luto por ellos.

— ¿Qué dioses son esos? —preguntaron Tammuz y Gizzida.

—Pues Tammuz y Gizzida, por supuesto —contestó Adapa. —Han desaparecido por completo. Es algo muy triste.

Tammuz y Gizzida se miraron el uno al otro y rompieron a reír. Se estuvieron riendo un rato muy largo, pero cuando pudieron recuperar el resuello, condujeron a Adapa dentro de la casa de Anu para que se presentara ante Anu en persona.

Anu le dijo a Adapa:

—Dime, ¿por qué le has roto el ala al Viento del Sur?

Adapa dijo:

—Oh gran Anu, me fui a pescar al mar para conseguir peces con los que alimentar a los dioses. Cuando tuve los suficientes, quise poner rumbo de vuelta al puerto, pero el Viento del Sur sopló con fuerza sobre mí e hizo zozobrar a mi barquito. Perdí toda mi pesca. Esto me puso muy enfadado, por lo que maldije al Viento del Sur, y ahora, su ala está rota.

Anu empezó a sentirse muy enfadado con Adapa, pero Tammuz y Gizzida hablaron en favor de Adapa. Esto apaciguó la ira de Anu, tal y como Ea había dicho que sucedería.

Anu suspiró. "¿Qué es lo que quería conseguir Ea al darle tal poder a un simple mortal?", pensó. "¿Qué debemos hacer con este Adapa?".

Anu se volvió a sus sirvientes:

—Traedle a este hombre el alimento de la vida. Traedle a este hombre el agua de la vida. Traedle ropas limpias y aceite para que se unja.

Le llevaron a Adapa la comida y la bebida y las ropas y el aceite. Adapa se puso la prenda y se ungió con el aceite, pero no tocó ni la comida ni la bebida.

Anu se preguntó por qué Adapa no comía ni bebía nada:

—Adapa, seguro que tienes hambre y sed. ¿Por qué no comes? ¿Por qué no bebes? ¿No deseas vivir?

—Oh gran Anu —dijo Adapa, —mi Padre Ea me dijo: "Cuando vayas a la casa de Anu, no debes comer de su comida. No debes beber de su agua". Es por eso que ni como ni bebo.

Anu se rió:

— ¡De acuerdo, haz lo que veas conveniente! Ciertamente, es extraño que Ea le diga a un simple mortal que desobedezca las órdenes de Anu.

Anu dispuso que Adapa volviera a su hogar en Eridú, donde aún ganó más fama por su sabiduría y su piedad. Sin embargo, dado que Adapa había rechazado el alimento y el agua de la vida, no vivió para siempre. Solamente perduró el recuerdo de su sabiduría y de su piedad, ya que Anu ordenó que así fuera.

Sección 3: Selecciones de la Épica de Gilgamesh

La Épica de Gilgamesh *es una de las primeras historias de su tipo jamás registradas. Sigue las aventuras y la amistad de Gilgamesh, rey de Uruk, y de su compañero, Enkidu, un hombre salvaje creado por los dioses para poner tasa a los excesos de Gilgamesh. Estas historias tienen su origen en Sumer, en una colección de relatos vagamente conectados entre sí sobre Gilgamesh y su amigo. No obstante, la versión presentada más abajo está basada en dos de las versiones acadias posteriores más importantes: la Antigua Babilónica, que se compiló en algún momento alrededor del año 1800 AEC, y la conocida como Versión Estándar, que se compiló alrededor del 1200 AEC.*

Las versiones acadias del relato de Gilgamesh contienen algunas de las historias que aparecen en la versión sumeria, pero van mucho más allá de esta en lo que se refiere a la caracterización. Por ejemplo, las versiones acadias de Gilgamesh *presentan a Enkidu como un personaje redondo por méritos propios, explican sus antecedentes y nos cuentan como Gilgamesh y él se hicieron amigos. También forma parte del* Gilgamesh *acadio una versión del mito de la Inundación sumerio, el cual se lo cuenta a Gilgamesh*

Utnapishtim, el hombre que construyó el arca y sobrevivió a aquella catástrofe, y al que los dioses concedieron la vida eterna.

Sin embargo, y por encima de todo, el Gilgamesh babilónico es una meditación sobre la amistad y la mortalidad, la cual muestra el amor que Gilgamesh y Enkidu sienten el uno por el otro y el largo viaje en el que Gilgamesh se embarca tras la muerte de su amigo para encontrar el secreto de la vida eterna. Naturalmente, cada esfuerzo que Gilgamesh hace para intentar conseguir la inmortalidad está condenado al fracaso, pero al final de esta épica, regresa a la ciudad de Uruk, aparentemente satisfecho porque lo que ha conseguido allí como rey debe ser el legado que permanecerá tras su muerte.

Aunque tanto en la épica acadia como en los relatos sumerios Gilgamesh es un ser semidivino y un héroe superhumano, está basado en un gobernante humano real. El Gilgamesh histórico rigió la ciudad-estado de Uruk en algún momento entre 2800 y 2500 AEC. Las leyendas sobre el Gilgamesh convertido en una figura mítica comienzan a aparecer escritas en sumerio alrededor de cuatrocientos o quinientos años después. La historia se perdió durante unos tres mil años, y el redescubrimiento moderno del relato sucedió en 1853, cuando Austen Henry Layard, Hormuz Rassam y W. K. Loftus encontraron las tablillas entre los restos de la Biblioteca Real de Asurbanipal de las ruinas de Nínive, la capital del Imperio Asirio, la cual se encuentra cerca del actual Mosul, en Irak.

Gilgamesh y Enkidu

Una de las amistades más famosas del arte de contar historias humanos es la de Gilgamesh y Enkidu. Al principio, Enkidu es un hombre salvaje peludo que no sabe nada de las costumbres humanas y que es enviado por los dioses para moderar los excesos de Gilgamesh como rey. Enkidu se civiliza en primer lugar manteniendo relaciones sexuales con una prostituta llamada Shamhat, y más tarde, siendo conducido a un campamento de pastores donde le instruyen sobre cómo comer y beber como lo hacen los humanos y dónde debe afeitarse y cortarse el pelo, y en el que lleva ropas tal y como lo hacen los humanos. Enkidu va a Uruk con la intención de retar a Gilgamesh y de poner freno al ejercicio del rey del derecho de pernada, el cual Enkidu encuentra execrable. Sin embargo, en vez de matar a Gilgamesh, se acaba convirtiendo en su mejor amigo y compañero en la batalla. Gilgamesh, por su parte, está encantado de haber encontrado por fin un compañero que realmente es su igual, y desde ese momento, los dos se hacen inseparables.

Hubo un tiempo en el que existía un rey poderoso llamado Gilgamesh. Su madre era una diosa y su padre, un gran rey. El propio Enki dio forma al cuerpo de Gilgamesh, le dio su estatura y su fuerza, su hermoso rostro, sus espesos y ondulados cabellos y barba y todo aquello que hace que un hombre sea hermoso a la vista. Nadie podía superar a Gilgamesh ni en el deporte ni en la batalla, y gobernaba como rey sobre la ciudad de Uruk, tal y como su padre Lugalbanda había hecho antes que él, y el predecesor de su padre, el poderoso Enmerkar, hijo de Utu, el dios-Sol, antes que él.

Gilgamesh era poderoso y era el rey de Uruk, pero no gobernaba ni bien ni sabiamente. Llamaba a participar a jóvenes en concurso tras concurso, y no les dejaba regresar a sus hogares ni siquiera tras haber vencido a cada uno de ellos. Cuando llegaba el momento de casar a las jóvenes, Gilgamesh las tomaba para sí en su noche de bodas, dejándolas volver junto a sus jóvenes esposos solo tras haber gozado de ellas.

Las mujeres de Uruk alzaron sus voces a Anu diciendo:

—Oh gran Anu, oh poderoso entre los dioses, te rogamos que te apiades de nosotras. Este Gilgamesh no nos gobierna ni bien ni con sabiduría. Retiene a nuestros jóvenes en sus competiciones día y noche, y no les permite volver a casa ni siquiera tras haber superado a cada uno de ellos. Y cuando nuestras hijas están por casarse, se las lleva para sí en su noche de bodas, no dejándolas ir con sus legítimos esposos hasta que ha hecho con ellas lo que ha querido. ¡Oh Anu, sálvanos! ¡Líbranos de la rapacidad de Gilgamesh!

Anu vio las fechorías de Gilgamesh, y oyó los gritos de las mujeres de Uruk. Anu dijo:

—Que venga Aruru. Que cree a uno que sea equiparable a Gilgamesh. ¡Enviadlo a Uruk para darle una lección a Gilgamesh!

Y así, Aruru obedeció las órdenes de Anu. Tomó un trozo de arcilla y lo lanzó a la Tierra. De la arcilla, creó a Enkidu, y Ninurta le concedió su propia fuerza. Enkidu tenía la forma de un hombre, pero estaba completamente cubierto de pelo largo, y los mechones de su cabeza le colgaban desaliñados sobre sus hombros y espalda abajo. Enkidu no conocía ni madre ni padre: era descendiente del silencio.

Enkidu vivía en la Naturaleza entre las gacelas, y las gacelas lo veían como uno de los suyos. Corrían juntos y pastaban y se acercaban a los pozos de agua a beber, y como las gacelas, Enkidu no sabía nada del habla humana ni de las costumbres humanas.

Un día, un cazador se mantenía a la espera cerca del pozo de agua con la esperanza de atrapar a una gacela. Allí espiaba como Enkidu se acercaba al agua con su manada. El cazador vio como Enkidu daba vueltas alrededor del pozo de agua, arrancando todas las trampas que el cazador había colocado para atrapar a su presa. El cazador volvió al lugar un segundo día y un tercero, y cada día era como el anterior: Enkidu llegaba al abrevadero y destruía todas las trampas que el cazador había colocado allí.

Sin saber qué más hacer, el cazador fue adonde su padre y le contó lo que había visto:

—Este hombre peludo se acerca cada día al abrevadero con las gacelas. Tiene la fuerza de un dios, y rompe todos los lazos que coloco. Le tengo miedo, y no sé qué hacer con él.

El padre del cazador le dijo:

—Sólo hay algo que puedas hacer: vete a Uruk y dile al rey Gilgamesh lo que has visto. Gilgamesh es el más poderoso de la región; él sabrá lo que se debe hacer, y vencerá a esta criatura si es necesario.

El cazador siguió el consejo de su padre y partió hacia Uruk a la mañana siguiente. Se fue a palacio, donde rogó tener una audiencia con Gilgamesh:

—Oh Gilgamesh, oh poderoso Rey de Uruk, necesito tu ayuda. Un hombre peludo y salvaje viene y destroza todos los lazos que coloco para cazar. Tiene toda la fuerza de un dios, y le tengo miedo. Por favor, ayúdame, pues no he podido atrapar nada para alimentar a mi familia en muchos días.

Gilgamesh dijo:

—Debes volver al abrevadero, pero acompañado por la prostituta Shamhat. Cuando aparezca el hombre salvaje, haz que ella aparezca delante de él y quítale las ropas. Seguro que quedará embelesado con su belleza y deseará yacer con ella. Una vez haya hecho esto, la manada no le reconocerá como uno de los suyos, y dejará tus lazos en paz.

El cazador hizo lo que Gilgamesh le dijo. Fue y le pidió a la prostituta Shamhat que le acompañara, y ella accedió de grado. El cazador y Shamhat fueron juntos al abrevadero, y allí esperaron a Enkidu y su manada. Esperaron un día, y dos días, y al tercer día, aparecieron Enkidu y las gacelas. Enkidu pastó con las gacelas y jugó en el agua con ellas, y se desplazaba con ellas como su fuera una de ellas. El cazador dijo:

— ¡Ese! ¡Ese es el hombre del que te he hablado; el hombre peludo y salvaje que vive con las gacelas! Ve adonde él, muéstrale tu cuerpo y yace con él. Entonces puede que la manada le rechace, y yo podré volver a atrapar presas de nuevo.

Acto seguido, Shamhat salió de su escondite y se quedó junto a la orilla del abrevadero. Cuando estuvo segura de que Enkidu la estaba mirando, dejó que su vestido cayera al suelo, mostrando su cuerpo desnudo. Enkidu vio la belleza de Shamhat, y la deseó con ardor. Se acercó a ella, y se tumbaron juntos sobre la hierba y encima de su vestido, el cual ella extendió como una fina sábana en un hermoso lecho. Enkidu yació lleno de deleite con Shamhat. Yacieron juntos durante seis días y siete noches, gozando el uno del otro todo el tiempo. Cuando el deseo de Enkidu quedó finalmente saciado, se fue para reunirse con su manada, pero ya no le reconocían. Huyeron de él, negándose a dejar que se les acercara, y cuando Enkidu trató de correr tras ellas, se dio cuenta de que sus piernas se habían debilitado considerablemente. Ya no podía correr con ellas como solía hacerlo, pues Shamhat le había sacado todo su espíritu salvaje y lo había reemplazado por la razón humana.

Así, Enkidu volvió adonde Shamhat estaba sentada esperándole. Enkidu se sentó a sus pies, y ella le dijo:

—Enkidu, eres hermoso como un dios, y tan fuerte como uno de ellos. No debes quedarte aquí entre las bestias. Tu lugar está en las ciudades humanas. Te llevaré conmigo a mi ciudad, a Uruk, donde el poderoso Gilgamesh gobierna sobre todos, y los templos de Anu y de Ishtar se alzan sobre la llanura en todo su esplendor.

Enkidu le contestó:

—¡Sí, llévame a tu ciudad! Deseo ver sus templos y conocer a ese Gilgamesh. Allí le retaré a un duelo, y veremos cuál de los dos es el más poderoso.

—Iremos a Uruk y probarás sus delicias. Allí hay festivales con música y baile, donde los tañedores de flauta y tambor tocan durante todo el día. Las prostitutas son muy bellas, y nadie puede resistirse a sus encantos. Pero quítate de la cabeza la idea de retar a Gilgamesh. Cuenta con el favor de los dioses, y no hay hombre que pueda superarle, ni en el deporte ni en la batalla.

En Uruk, Gilgamesh dormía en una cama digna de un rey, y tuvo un sueño. Era un sueño extraño, y no supo qué significaba.

Por ello, se fue adonde su diosa Madre, la señora Ninsun, para ver qué podía sacar de él:

—Madre, he tenido un sueño bien extraño. Me gustaría contártelo para ver qué sentido le encuentras.

—Cuéntame tu sueño, hijo mío —dijo Ninsun, —y pondré toda mi sabiduría a trabajar para interpretarlo.

—En mi sueño, una piedra enorme cayó del cielo. Cayó sobre el centro de Uruk, y allí se quedó. Todo el mundo se reunió a su alrededor y se maravilló con ella. Traté de levantar la piedra, pero era demasiado pesada. Traté de hacerla rodar, pero no pude moverla. Y mientras, la gente de Uruk se congregaba en torno a la piedra, admirándola y besándola.

"Luego hubo algo que cambió. Me di cuenta de que amaba esta enorme piedra como un hombre ama a su esposa. La amaba más que a mi propia vida. Y una vez que amé la piedra, fui capaz de moverla. Tomé la piedra y te la traje de vuelta, Madre, y la dejé a tus pies, y dijiste que la convertirías en mi igual. Dime, ¿qué significa?

—Creo que sé lo que este sueño nos comunica —dijo Ninsun. —Hay un hombre que viene al que amarás como un hombre ama a su esposa, a quien amarás más que a tu propia vida. Será tu igual, y juntos viviréis muchas aventuras. Te salvará la vida, y tú salvarás la suya.

Aquella noche, Gilgamesh se fue a descansar, y de nuevo tuvo un sueño. Soñó con un hacha que caía del cielo, y de nuevo, la gente de Uruk se reunió en torno a ella y la admiró. Gilgamesh se dio cuenta de que amaba al hacha como había amado a la piedra en el sueño de la noche anterior, y exactamente como en ese sueño, tomó el hacha y la puso a los pies de Ninsun.

Por la mañana, Gilgamesh le preguntó a su madre Ninsun lo que el sueño predecía, y ella le respondió:

—Hijo mío, este sueño es como el de la piedra. Va a llegar uno al que amarás más que a tu propia vida, y que será tu igual. Te salvará la vida, y tú le salvarás la suya, y su fuerza será como la de un dios.

Al oír esto, Gilgamesh se regocijó:

— ¡Que Enlil quiera que sea cierto! Deseo tener un amigo así y un igual así. ¡Que se haga realidad!

Entonces llegó el momento en el que Shamhat llevó a Enkidu lejos de los lugares salvajes que habían sido su hogar. Tomó su vestido y lo limpió. Se puso parte de él sobre su cuerpo, y colocó la otra parte arropando a Enkidu. Shamhat llevó a Enkidu a un campamento de pastores que vivían en las inmediaciones. Cuando los pastores vieron a Enkidu, se reunieron en torno a él y se maravillaron:

—Es como Gilgamesh, tanto en estatura como en complexión. Este debe ser Enkidu, del cual ya hemos oído hablar, pues su fuerza es la de un dios.

Los pastores invitaron a Enkidu a unirse a ellos y lo trataron como un invitado de honor. Colocaron pan y buena cerveza ante él, pero Enkidu nunca había visto estas cosas antes y no sabía qué hacer con ellas. Shamhat le dijo:

— ¡Cómete el pan, Enkidu! Necesitas buena comida para mantenerte fuerte. ¡Bebe la cerveza! Es uno de los placeres de la vida.

Y así, Enkidu se comió su ración y bebió siete copas de cerveza llenas hasta arriba. Pronto comenzó a sentirse muy alegre y a cantar canciones. Cuando la comida terminó, los barberos del campamento se acercaron a Enkidu. Lo rasuraron y lo ungieron con aceite. Le afeitaron y le sacaron todo lo que tenía de bestia; cortaron sus mechones y pulieron su barba, y lo vistieron con ropas de guerrero. Así fue como Enkidu se transformó en un hombre. Después, Enkidu vivió con los pastores, espantando a los lobos y leones y vigilando a las personas y sus rebaños. Y cuando Enkidu dormía, lo hacía con la prostituta Shamhat, y continuaron deleitándose el uno en el otro cada noche.

Una noche, mientras Enkidu y Shamhat estaban yaciendo juntos, Enkidu miró hacia arriba y vio a un hombre que no estaba lejos de ellos. Parecía querer hablar con Enkidu, así que este le dijo a Shamhat:

— ¿Conoces a ese hombre? ¿Sabes lo que quiere? Hazlo venir aquí para que pueda averiguar qué necesita de mí.

Shamhat lo invitó a acercarse, y Enkidu dijo:

—Dime, ¿qué es lo que quieres? ¿Cómo puedo ayudarte?

El hombre dijo:

—Me han invitado a un banquete de bodas en Uruk. Esta es una ocasión en la que un hombre toma esposa, y todo el mundo lo celebra. Pero en Uruk, el rey exige que la joven mujer no pase su noche de bodas con su marido. En vez de eso, Gilgamesh se lleva la mujer a su palacio y hace lo que quiere con ella. Gilgamesh dice que este es su derecho porque él es el rey.

Y mientras el hombre hablaba, su voz se agitaba de rabia.

Enkidu oyó lo que el hombre dijo, y también se enfadó. Partió hacia Uruk en ese mismo instante, y Shamhat se fue con él. Cuando Enkidu entró en la ciudad, todo el mundo lo miraba lleno de admiración. "¿Quién será?", pensaban. "Es tan alto como Gilgamesh, y tiene un cuerpo tan bien formado como el suyo. ¡Seguro que este hombre tiene la fuerza de un dios!"

Enkidu se encaminó al lugar donde se estaba celebrando el banquete de bodas. Vio la casa del matrimonio completamente preparada con una hermosa cama, un lugar que debía bendecir la diosa de las bodas. Luego, Enkidu vio a Gilgamesh, un hombre de su misma estatura y corpulencia. Gilgamesh tomó la mano de una joven mujer vestida de buen lino y con joyas doradas, y se la llevó a la casa del matrimonio. Acompañó a la joven al interior, pero antes de que Gilgamesh pudiera entrar, Enkidu se plantó en medio de su camino y puso un pie en la puerta. Gilgamesh estaba furioso por su atrevimiento. Forcejeó con Enkidu, y se enzarzaron en un combate.

Lucharon a lo largo y ancho de toda la plaza. Asestaban tales golpes que las puertas se sacudían dentro de sus jambas. Tumbaban al otro con tal fuerza que todas las ventanas temblaban en sus marcos. Lucharon a lo largo y ancho de la plaza, sin que ninguno pudiera vencer al otro. Lucharon durante todo el día, de la mañana a la tarde, y siguieron cuando la tarde se marchó con la puesta de sol, pero ninguno pudo proclamarse vencedor. Al final, se quedaron frente a frente jadeando y observándose, y Gilgamesh dijo:

—Has hecho algo que nadie en esta tierra ha podido hacer jamás. Has luchado contra mí a lo largo y ancho de la plaza de la ciudad, encajando golpes y tumbándome, y yo he hecho lo mismo contigo, y aun así, ninguno de los dos es el vencedor. Nadie antes que tú ha logrado esta hazaña. ¡Ven, démonos las manos y besémonos el uno al otro, ya que creo que debemos ser amigos!

Gilgamesh y el Toro del Cielo

En la historia que precede a esta, Gilgamesh y Enkidu se van a las Montañas de los Cedros a matar al gigante del bosque Humbaba. Una vez llevado a término este trabajo, Gilgamesh y Enkidu llegan sanos y salvos a casa solo para encontrarse con otra amenaza que les está esperando allí. La diosa Ishtar ve lo hermoso y valiente que es Gilgamesh, y le pregunta si desea casarse con ella, pero cuando este la rechaza, ella envía al Toro del Cielo para destruirle. Por supuesto, Gilgamesh y Enkidu logran matar al Toro, pero la combinación de este acto con la del asesinato de Humbaba resultará fatal para Enkidu. El episodio del Toro del Cielo acaba con Gilgamesh y Enkidu siendo recibidos en un banquete en su honor, pero en la historia siguiente, nos enteramos de que los dioses no ven con buenos ojos las hazañas de Gilgamesh, y decretan que uno de los dos amigos debe morir.

La historia del Toro del Cielo es una de las que encuentran un paralelo en la versión sumeria de esta épica. La trama básica de ambas versiones es la misma: Gilgamesh regresa a casa tras matar a Humbaba (en sumerio, Huwawa), e Ishtar (la sumeria Inanna) le propone matrimonio. Gilgamesh la rechaza, por lo que Ishtar/Inanna, en un ataque de cólera, envía al Toro a destruir a Gilgamesh y a su ciudad. En la versión sumeria, Gilgamesh intenta tranquilizar a Inanna ofreciéndole su tesoro y animales de sus rebaños, mientras que en la versión acadia, Ishtar trata de hacer que Gilgamesh acepte su proposición prometiendo hacerle rico y aumentar su poder político. El rechazo de Gilgamesh de la versión acadia también tiene más fuerza, ya que recita una retahíla sobre los destinos de los anteriores amantes de Ishtar y manifiesta de malas maneras que se niega a convertirse en otro hombre más que se convierte en su amante para luego tener la mala fortuna de entrar en conflicto con ella.

Gilgamesh regresó a su hogar en Uruk. Llegó a casa de regreso de su aventura y observó que sus ropas, su armadura y sus armas estaban polvorientas y salpicadas de sangre. Gilgamesh se quitó sus ropas sucias y limpió su armadura y sus armas. Luego, Gilgamesh se limpió bien en el baño, lavándose toda la mugre de su aventura del cuerpo y el cabello y la barba. Se puso ropa limpia y fresca. Se peinó el cabello y se colocó su corona.

La Señora Ishtar vio a Gilgamesh. Vio lo bien vestido que iba, lo fornido que era su cuerpo y lo hermoso que era su rostro, y sintió un intenso deseo por él. Ishtar se acercó a Gilgamesh y le dijo:

— ¡Oh Gilgamesh, ven conmigo y sé mi esposo! ¡Deleitémonos el uno en el otro como marido y mujer! Cásate conmigo y te daré riquezas sin par; un carro de oro y lapislázuli con leones que lo tirarán para ti. Te daré una casa hecha de cedro fragante, y cuando llegues a casa, hasta el umbral y el trono te besarán los pies. Reyes y señores de todas las tierras colindantes te rendirán pleitesía y te pagarán tributos. Todos tus rebaños crecerán el doble y el triple, y tus bestias de carga jamás se cansarán. ¡Ven a mí! ¡Cásate conmigo! ¡Seamos juntos marido y mujer!

Gilgamesh le respondió:

—Señora Ishtar, incluso si me dieras todo eso y nada más que eso, seguiría estando en deuda contigo. Nunca podría estar a la altura de esos regalos tan ricos. ¿Qué me pasará cuando ya no te deleites con mi compañía, cuando ya no desees compartir mi cama, cuando mi cuerpo ya no encienda el tuyo con las llamas del deseo?

"Mi Señora, sé muy bien lo que les sucede a aquellos que aceptan tus ofertas. Sé muy bien lo que les ocurre a aquellos que caen presos de tus encantos. ¿Cuántos de ellos ha habido hasta ahora? ¿A cuántos has amado y descartado? Tal vez debamos contarlos juntos. Uno de ellos fue Tammuz, el primero que te amó, pero que ahora está en el Inframundo, donde llora a perpetuidad. El siguiente fue el Ave *Allallu*, al cual rompiste el ala cuando te contrarió, y el cual ahora está en el bosque llorando de dolor. Después de él, amaste al león, y cuando te hartaste de él, le cavaste una fosa; y cuando cayó en ella, lo dejaste allí. Amaste al caballo, pero a cambio de su devoción, le diste con un látigo y con espuelas para hacerle galopar durante millas interminables, y como recompensa, solo le diste un cántaro de agua llena de lodo.

"Una vez amaste a un pastor. Él trabajó sin descanso para ti, horneando pan fresco y sacrificando y cocinando un cordero para ti todos los días. ¿Cuál fue su premio? Ser transformado en un lobo, ser espantado por sus amigos y ser perseguido y mordido por los perros. Y después de él estuvo Ishullanu, el jardinero. Cada día te traía una cesta llena de dátiles. Lo mirabas con deseo, diciéndole: "¡Ven a mi cama! ¡Toca mis partes íntimas! Déjame acariciarte, deleitémonos el uno en el otro", pero él te rechazaba una y otra vez, y solo accedió porque tú no parabas. Y cuando ya no te complació, lo transformaste en una rana, y ahora está lamentándose en medio de su jardín marchitado, el cual ya no puede cuidar como solía hacerlo".

"Así pues, mi Señora —dijo Gilgamesh, — ¿por qué debería aceptar tu oferta, aun siendo como es de generosa, sabiendo lo que les ha pasado a todos los que te han amado en algún momento? Dudo de que incluso yo pudiera escapar a tal destino si alguna vez te contrariara.

Al oír las palabras de Gilgamesh, Ishtar montó en cólera. Salió corriendo y clamando al cielo, y se fue con su padre Anu y su madre Antu con lágrimas cayendo por sus mejillas:

— ¡Madre! ¡Padre! ¡Venid en mi ayuda! ¡Gilgamesh ha estado contando cosas terribles sobre mí! Está echando insulto tras insulto sobre mi persona, y es insoportable.

Anu dijo:

— ¿Qué le dijiste? ¿Le provocaste para que te hablara de ese modo?

Ishtar contestó:

—Padre, dame el Toro del Cielo. Dámelo y lo enviaré a matar a Gilgamesh y a patear su palacio hasta reducirlo a polvo. Y si no me das el Toro, destruiré el Inframundo. Los muertos se levantarán y caerán sobre los vivos para devorarlos hasta que haya más muertos que vivos sobre la faz de la Tierra.

—Si te doy el Toro del Cielo —dijo Anu, —la hambruna se cernirá sobre Uruk; una hambruna que durará siete años. ¿Qué provisión has hecho para la gente y sus bestias? ¿Has guardado grano y paja y heno para ellos?

—Sí, tengo grano y paja y heno en abundancia; los suficientes para siete años —dijo Ishtar.

Y así, Anu le dio a Ishtar el Toro del Cielo. Ishtar dirigió al Toro a la Tierra, y viajaron juntos hasta que llegaron a Uruk. Cuando el Toro entró en Uruk, los árboles y las plantas se agostaron y murieron. Las aguas del Éufrates se redujeron, bajando siete codos de nivel. El Toro emitió un enorme bufido, y un foso se abrió a los pies de los hombres de Uruk. Alrededor de cien hombres se precipitaron al foso. El Toro emitió un segundo resoplido, y otro pozo se tragó a doscientos hombres de Uruk. Y al tercer bufido, se abrió un foso a los pies de Enkidu, el cual cayó en él hasta la cintura.

Enkidu saltó fuera del foso y tomó el Toro por los cuernos. Lleno de rabia, el Toro escupió en la cara a Enkidu. Levantó su cola y vertió heces por encima de él.

Enkidu llamó a Gilgamesh para pedirle ayuda:

— ¡Ven, amigo mío! ¡Debemos defender nuestra ciudad y a nuestra gente! He intentado enfrentarme al Toro del Cielo, y conozco su fuerza y de lo que es capaz de hacer, y sé cómo podemos derrotarle. Yo atraparé la cola de la bestia y colocaré mi pie como un freno contra la parte trasera de su pata. Entonces, tú debes sacar tu cuchillo y matarlo tal y como los carniceros hacen con el ganado. ¡Desliza el cuchillo dentro de su cuello por detrás de su cráneo, y hazlo rápido mientras sostengo su cola!

Enkidu se situó detrás del Toro y atrapó su cola. Colocó su pie de freno contra la parte trasera de su pata. Entonces, Gilgamesh desenvainó su cuchillo y lo hundió con destreza y fuerza en el punto de su cuello que queda tras el cráneo, y el Toro cayó, muerto. Los dos amigos abrieron el pecho del Toro y arrancaron su corazón. Se dirigieron al templo y se lo ofrecieron a Shamash, haciéndole una reverencia. Luego se marcharon y se sentaron juntos, uno al lado del otro, como hermanos.

Cuando Ishtar vio que el Toro había sido asesinado y su corazón ofrecido a Shamash, gritó llena de furia y subió a las murallas de Uruk:

— ¡Maldito seas, Gilgamesh! ¡Maldito seas por tus insultos y por haber matado al Toro del Cielo!

Enkidu oyó los gritos de Ishtar. Separó uno de los cuartos traseros del Toro y lo lanzó adonde estaba ella.

— ¡Aquí está tu parte! —gritó. — ¡Y si pudiera atraparte, haría lo mismo contigo, y además envolvería tus brazos con las tripas del toro!

Ishtar hizo un llamamiento por toda la ciudad. Convocó a todas las cortesanas y prostitutas, y las puso de duelo por el cuarto trasero del toro. Gilgamesh, mientras tanto, llamó a los artesanos de la ciudad. Separaron con una sierra los cuernos del Toro, los cuales pesaban treinta *minas* de lapislázuli cada uno. Eran tan grandes que podían contener seis *kor* de aceite.

Gilgamesh tomó los cuernos, los consagró para la unción del dios Lugalbanda y los llenó de aceite sagrado; y cuando esto estuvo hecho, Gilgamesh colgó los cuernos en su alcoba. Luego, Enkidu y Gilgamesh se fueron al río a lavarse el polvo, el sudor y la sangre de sus cuerpos y ropas, y cuando se hubieron refrescado, volvieron a palacio en un carro, donde se colocaron agarrados de las manos.

Mientras atravesaban las calles, la gente de Uruk se reunió para gritarles alabanzas. Gilgamesh les preguntó a las chicas que servían en su morada:

—Decidme, ¿quién es el más hermoso de todos los hombres, y quién es el más valiente de todos los héroes?

Y contestaron:

— ¡Pues Gilgamesh es el más hermoso de todos los hombres y Enkidu es el más valiente de todos los héroes!

Luego, Gilgamesh y Enkidu entraron al palacio, donde se había dispuestos un gran banquete en su honor, y allí comieron y bebieron y festejaron hasta bien entrada la noche.

Las Andanzas de Gilgamesh

Tras matar al Toro del Cielo, Enkidu recibe una maldición de los dioses por su prepotencia. Enkidu cae enfermo, y tras muchos días de sufrimiento, muere. Gilgamesh queda devastado por la muerte de su compañero, y toma más consciencia que nunca de la muerte y de su propia mortalidad. Vaga por tierras salvajes buscando a Utnapishtim, el hombre que sobrevivió a la Gran Inundación, con la idea de que este le revele el secreto de la vida eterna. En el proceso, Gilgamesh se convierte en cierto modo en un hombre salvaje, viviendo al aire libre, llevando pieles de animales como vestimenta y cazando para conseguir alimento. No es hasta que Gilgamesh se encuentra con Utnapishtim y escucha su historia que Gilgamesh regresa a un estado más civilizado.

Tras haber cantado un lamento por Enkidu y haberlo enterrado con toda la ceremonia adecuada y propia del caso, Gilgamesh se sentó y lloró. No solo lloró por su amigo muerto, sino también por sí mismo:

—Enkidu, el mejor de los compañeros, está muerto. Se ha ido al Inframundo. Ya nunca volverá a ver la luz del Sol o a probar el agua fresca o el pan recién hecho. Ya nunca estará a mi lado a las duras y a las maduras, mi fuerte, valiente compañero Enkidu, pues se ha muerto y ha descendido al Inframundo, como todos debemos hacer. Incluso yo, Gilgamesh, Rey de Uruk, hijo de los dioses, debo morir algún día.

"No deseo morir. La muerte es una cosa aterradora. Me da miedo morir. Debo encontrar una manera de engañar a la muerte, de escapar a ese destino. Me iré a la Naturaleza y buscaré a Utnapishtim, pues los dioses le hicieron inmortal de entre todos los seres humanos. Le encontraré y le preguntaré cómo podría yo engañar a la muerte".

Y así, Gilgamesh se fue a tierras salvajes. Cuando las bestias feroces le atacaban, Gilgamesh luchaba contra ellas. Mataba a las bestias, las despellejaba, asaba su carne y se la comía. Gilgamesh vagó por la Naturaleza durante mucho tiempo, vestido con pellejos de león y de hiena y de gacela, viviendo de la caza que podía atrapar, siempre buscando el camino que le llevara a la morada de Utnapishtim.

Shamash, el dios del Sol, miró a Gilgamesh desde las alturas y se preocupó por él:

—Gilgamesh, ¿qué estás haciendo con tu vida? ¿Por qué vagas por tierras salvajes, vestido con pieles de animales, caminando sin parar y no descansando nunca? Nunca encontrarás lo que buscas.

Gilgamesh le contestó:

— ¿Por qué debería parar ahora? Cuando esté muerto, descansaré para siempre. ¿Por qué debería dejar de vagar en este momento? Al menos ahora puedo ver la luz del Sol. En el Inframundo, todo es oscuridad y polvo perpetuos. No, no voy a parar. Vagaré mientras me sea posible; esa es mi voluntad.

Así pues, Gilgamesh continuó viajando por el mundo hasta que llegó al altísimo Monte Mashu, cuyo pico toca el cielo y cuyas raíces se hunden en el fondo del mismísimo Inframundo. Gilgamesh llegó a las puertas de la montaña y vio que estaban custodiadas por dos seres escorpiones, letales y con un aspecto aterrador. Despedían un brillo casi tan intenso como el del propio Shamash, ya que su misión era la de vigilarlo mientras salía por la mañana y se ponía por la noche. Gilgamesh miró a los seres escorpión y cayó de rodillas. Su rostro se cubrió de miedo ante ellos.

— ¿Quién es el que se acerca a nosotros? —le dijo un ser escorpión al otro. — ¿Por qué está aquí?

El otro le respondió:

—Ya sé de quién se trata. Es Gilgamesh, el Rey de Uruk, y la sangre de los dioses corre por sus venas.

El segundo ser escorpión examinó a Gilgamesh y dijo:

—Tú, el de ahí, el que se arrodilla ante nosotros: ¿por qué has venido a nuestra montaña? ¿Qué es lo que buscas aquí? ¡Explícate!

—Estoy buscando la morada de Utnapishtim —dijo Gilgamesh. — He vagado por todo el mundo en busca del camino a su casa, pues conoce el secreto de la vida eterna, y deseo enterarme de cuál es para mi uso personal.

El primer ser escorpión dijo:

—Muy bien, te mostraremos el camino, ya que ningún hombre mortal ha encontrado nunca la forma de llegar a las puertas de nuestra montaña. Pero te avisamos: el camino por el que vas a ir es oscuro y sin luz, ya que es la senda que sigue el propio Shamash tras ponerse por el oeste cuando cae la noche. ¿Tienes el valor de aventurarte por esa oscuridad?

—No he conocido nada salvo oscuridad y duelo desde la muerte de mi compañero —dijo Gilgamesh. — ¿Qué puede añadir esta nueva oscuridad a eso? Mostradme el camino.

—Muy bien —dijo el segundo ser escorpión. Debes atravesar estas puertas y bajar por el túnel oscuro que se extiende tras ellas. Debes seguir todo recto, todo recto, todo recto a oscuras, y no debes pararte en ningún momento hasta que llegues al otro lado. ¡No importa lo asustado que estés, no te detengas! Continúa hasta que veas de nuevo la luz del día. El viaje por la senda que sigue Shamash dura doce horas. Tú también debes viajar durante doce horas en una oscuridad total.

Acto seguido, los seres escorpión abrieron las puertas de su montaña de par en par, y Gilgamesh las atravesó y entró en la oscuridad que se extendía tras ellas. Durante una hora, Gilgamesh caminó. La oscuridad que le rodeaba era total. No podía ver ni lo que había delante ni lo que había detrás de él. Gilgamesh anduvo durante dos horas, y tres, y cuatro, y no vio ni un solo rayo de luz en ningún momento. Gilgamesh siguió caminando todo recto, y mientras caminaba, podía sentir el enorme peso de la oscuridad aplastándole. Anduvo durante una quinta, y una sexta, y una séptima hora a través de la oscuridad, y empezó a pensar que se había adentrado en el mismísimo Inframundo, que ya estaba muerto y que nunca volvería a ver la luz del día. Sin embargo, hizo acopio de todo su valor y siguió caminando.

En la hora novena, Gilgamesh halló algo de esperanza, ya que una brisa fresca soplaba por el sendero. Con sus fuerzas renovadas, Gilgamesh caminó durante una décima hora, y una undécima, y al final de la duodécima hora, pudo ver un tenue reflejo de luz ante él, la luz del Sol de la mañana. Gilgamesh se regocijó y corrió hacia la luz. Corrió hacia este nuevo lugar iluminado y se encontró en el huerto de los dioses, donde crecían uvas frescas sobre varas de cornalina, donde los árboles de lapislázuli daban sus propios frutos que perfumaban el huerto entero, y todo ello brillaba a la luz del Sol de la mañana.

Gilgamesh anduvo a través del huerto, mirando extasiado a su alrededor. Cuando llegó al otro lado, encontró una taberna, la cual se había construido a la orilla del mar. La dueña de la taberna era una sabia anciana llamada Siduri. Esta vio a Gilgamesh acercándose y supo que era un hombre que tenía sangre de los dioses en sus venas. Sin embargo, iba completamente cubierto de pellejos de animales y tenía un aspecto salvaje y aterrador, por lo que Siduri atrancó la puerta de la taberna para que Gilgamesh no pudiera entrar. Acto seguido, Siduri subió al tejado para poder ver mejor lo que Gilgamesh podría hacer.

Gilgamesh vio a la anciana atrancar la puerta de la taberna, y unos momentos más tarde, la vio en el tejado, observándolo.

—Anciana —gritó Gilgamesh— ¿por qué me atrancas la puerta? ¿Qué te he hecho para que me tengas miedo? Entiéndeme: ¡si no abres la puerta por tu propia voluntad, la destrozaré con mis propias manos!

—He atrancado la puerta porque no sé quién eres ni por qué estás aquí —dijo Siduri. —Háblame de ti para que pueda decidir si es conveniente abrirte la puerta.

—Soy Gilgamesh, Rey de Uruk. Mi valiente compañero Enkidu y yo matamos al gigante del bosque Humbaba. Matamos al Toro del Cielo juntos. Cazábamos juntos leones en las montañas, y cazábamos muchos allí.

—Una historia creíble —dijo Siduri. —Si realmente eres un rey y un héroe, tal y como dices, ¿por qué está tan demacrado tu rostro y tan apelmazado tu cabello? ¿Por qué vas por ahí vestido con pellejos sucios de animales? Ciertamente, tu aspecto no tiene nada que ver con el de un rey, y desde luego, nada que ver con el de Gilgamesh, del cual he oído hablar.

—Mi rostro está demacrado y mi cabello está apelmazado y llevo pellejos de bestias porque he andado vagando por la Naturaleza. Voy vagando por la Naturaleza porque mi valiente compañero Enkidu, que soportó muchos peligros a mi lado y al que tanto amaba, ha muerto. Los dioses lo maldijeron, y se ha marchado al Inframundo a beber polvo. Después de que mi amigo muriese, me entró miedo a la muerte, y ahora ando buscando la morada de Utnapishtim para preguntarle cuál es el secreto de la vida eterna.

"¿Me puedes indicar el camino, oh posadera? ¿Cómo puedo hallar la morada de Utnapishtim? Si debo atravesar el mar, lo haré. Si debo cruzar el desierto, lo haré. Si debo escalar una montaña, lo haré. Dime el camino, si lo conoces. Y si no lo conoces, vagaré por la Naturaleza hasta encontrarlo por mis propios medios".

—Esta misión en la que te has embarcado es de locos —le contestó Siduri. —Nadie ha atravesado jamás ese mar, salvo el propio Shamash. E incluso si pudieras atravesarlo, es tan peligroso que nadie podría sobrevivir en él. Incluso si navegas por el mar, las Aguas de la Muerte se encuentran a mitad camino entre aquí y allá, y bloquean el camino hacia adelante. No puedes llegar adonde Utnapishtim sin cruzarlas. ¿Qué vas a hacer, pues?

"Ahora bien, si debes cruzarlas, debes dirigirte a Urshanabi, el barquero de Utnapishtim. Le encontrarás por aquel paraje, con los seres piedra que son sus compañeros y su tripulación. Los hallarás en el bosque de pinos, cortando árboles jóvenes para usarlos como pértigas de barco. Ve con Urshanabi, y pregúntale si te llevará al otro lado. ¡Pero si no te quiere llevar, no tendrás forma de alcanzar la otra orilla, y deberás volver por donde has venido!".

Gilgamesh se dirigió al bosque de pinos, donde vio a Urshanabi trabajando con los seres piedra. Gilgamesh blandió su hacha y su daga, y después cayó sobre ellas. Urshanabi vio a Gilgamesh acercarse y tomó su hacha para defenderse a sí mismo y a sus compañeros, pero no era rival para Gilgamesh. Este derribó a Urshanabi, el cual quedó aturdido sobre el suelo. Tras esto, Gilgamesh atacó a los seres piedra, haciendo sus cuerpos trizas y lanzando los trozos al río que fluía en mitad del bosque.

Cuando hubo dado muerte a todos los seres piedra, Gilgamesh volvió donde estaba Urshanabi y se quedó observándolo. Urshanabi abrió los ojos y vio a Gilgamesh de pie a su lado. Gilgamesh le dijo:

—Dime tu nombre.

—Soy Urshanabi, el barquero de Utnapishtim. ¿Quién eres?

—Soy Gilgamesh, Rey de Uruk. Mi valiente compañero Enkidu y yo matamos al gigante del bosque Humbaba. Matamos juntos al Toro del Cielo. Cazábamos juntos leones en las montañas, y matábamos muchos. Seguí la senda de Shamash bajo las montañas, y estoy buscando la morada de Utnapishtim.

—Una historia creíble —dijo Urshanabi. —Si realmente eres un rey y un héroe, tal y como dices, ¿por qué está tan demacrado tu rostro y tan apelmazado tu cabello? ¿Por qué vas por ahí vestido con pellejos sucios de bestias? Ciertamente, tu aspecto no tiene nada que ver con el de un rey, y desde luego, nada que ver con el de Gilgamesh, del cual he oído hablar.

—Mi rostro está demacrado y mi cabello está apelmazado y llevo pellejos de bestias porque he estado vagando por la Naturaleza. Voy vagando por la Naturaleza porque mi valiente compañero Enkidu, que soportó muchos peligros junto a mí y al que amaba mucho, ha muerto. Los dioses lo maldijeron, y se ha marchado al Inframundo a beber polvo. Tras la muerte de mi amigo, me entró miedo a la muerte, y ahora estoy buscando la morada de Utnapishtim para preguntarle el secreto de la vida eterna. Ahora, dime cómo puedo llegar allí, pues la posadera me ha dicho que conoces el camino.

—Sí, conozco el camino —dijo Utnapishtim, —pero nos has dejado sin los medios para llegar allí. No puedo gobernar el barco sin la ayuda de los seres piedra, ni sin las pértigas de barco que estábamos fabricando, y tú los has matado a todos.

—Dime qué necesitas —dijo Gilgamesh, —y te lo proporcionaré.

—Tala pinos jóvenes, y quítales las ramas para usarlos como pértigas de barco. Necesitamos 120. Cuando hayas limpiado los árboles, coloca un ornamento en el extremo de cada uno de ellos.

Gilgamesh tomó su hacha y taló 120 pinos jóvenes. Luego tomó su daga y les quitó las ramas. Cuando hubo terminado, colocó un ornamento al final de cada uno de ellos. Acto seguido, Gilgamesh ayudó a Urshanabi a empujar el barco dentro del mar. Gilgamesh y Urshanabi remaron juntos en el barco. El viaje desde la orilla hasta las Aguas de la Muerte duraba normalmente dos meses, pero con la ayuda de Gilgamesh, llegaron en tan solo tres días.

Al llegar al borde de las Aguas de la Muerte, Urshanabi dijo:

—Toma una pértiga, Gilgamesh, y empuja para desplazarnos sobre las aguas, ¡pero ten cuidado de no tocarlas, ya que resecarán tu mano!

Gilgamesh agarró la primera pértiga y comenzó a perchar a través de las Aguas de la Muerte mientras Urshanabi gobernaba el timón. La primera pértiga quedó inservible al poco tiempo, por lo que Gilgamesh tomó la segunda. Y cuando la segunda quedó inservible, Gilgamesh tomó la tercera, y la cuarta, y la quinta. Para cuando hubieron estado perchando durante un buen trecho y llegaron al otro lado, Gilgamesh había consumido todas las pértigas.

— ¿Qué vamos a hacer ahora? —dijo Urshanabi. —Ya no nos quedan pértigas.

—Quítate tus ropas —dijo Gilgamesh. —Yo también voy a quitarme las mías, y las usaremos para hacer una vela.

—Pero en esta nave no hay ni mástil ni penol —dijo Urshanabi.

—Yo seré el mástil y el penol a la vez —dijo Gilgamesh.

Y así, Gilgamesh y Urshanabi se despojaron de sus ropas, y Gilgamesh se quedó de pie en medio del barco y abrió sus brazos en cruz. Urshanabi tomó las ropas e hizo una vela con ellas, colgándolas de los fuertes brazos de Gilgamesh mientras que su cuerpo hacía las veces de mástil; y de esta forma, navegaron hasta el lugar donde Utnapishtim tenía su morada.

Dio la casualidad de que Utnapishtim miró hacia el agua al tiempo que Urshanabi y Gilgamesh navegaban hacia él. Utnapishtim se dijo a sí mismo: "Veo a Urshanabi, mi barquero, pero ¿quién es ese que está con él? No lo reconozco en absoluto".

En poco tiempo, Urshanabi y Gilgamesh llegaron a la orilla, donde se encontraron a Utnapishtim esperándoles.

—Conozco a mi barquero, —le dijo Utnapishtim a Gilgamesh, — ¿pero quién eres tú?

—Soy Gilgamesh, Rey de Uruk. Mi valiente compañero Enkidu y yo matamos al gigante del bosque Humbaba. Matamos juntos al Toro del Cielo. Juntos cazábamos leones en las montañas, y matábamos a muchos. He seguido el camino de Shamash bajo las montañas, y he navegado a través del mar y de las Aguas de la Muerte, pues estoy buscando a Utnapishtim.

—Has encontrado a Utnapishtim, ya que está aquí delante de ti. Sin embargo, no me creo la historia que cuentas sobre ti. Si realmente eres un rey y un héroe como dices, ¿por qué está tan demacrado tu rostro y tan apelmazado tu cabello? ¿Por qué andas vestido con pellejos sucios de animales? Ciertamente, no tienes el aspecto de un rey en absoluto, y desde luego, no te asemejas a Gilgamesh, del cual he oído hablar.

—Mi rostro está demacrado y mi cabello está apelmazado y llevo pellejos de bestias porque he estado vagando por la Naturaleza. Vago por la Naturaleza porque mi valiente compañero Enkidu, que ha soportado muchos peligros conmigo y al cual amaba muchísimo, ha muerto. Después de que muriera mi amigo, me entró miedo a la muerte, y es por ello que te he estado buscando, para poderte preguntar cuál es el secreto de la vida eterna.

—Oh Gilgamesh —dijo Utnapishtim, — ¿la sangre de los dioses corre por tus venas, y aún te comportas así? Se te ha otorgado un trono y riquezas, y lo has rechazado todo a cambio de una vida de interminables fatigas en la Naturaleza y de una misión de necios. La muerte acaba llegándole a todos, y nadie ve nunca su rostro. La muerte se desliza sobre ellos y los atrapa por sorpresa. Podemos construir hermosas casas y puentes y barcos, pero en ningún lugar podemos escondernos de la Muerte. Aquellos a los que se lleva se marchan para siempre, y ya nunca volvemos a verlos. Este es el destino que los Annunaki han decretado. Nos han concedido la vida, pero también la muerte, y a los dioses no se les puede contradecir.

Gilgamesh y Utnapishtim

Este capítulo final de la Épica de Gilgamesh *contiene una versión del mito sumerio de la inundación narrado por Utnapishtim, el constructor del arca y el único hombre que jamás ha alcanzado la inmortalidad. Cuando Utnapishtim ha terminado de contar su historia, Gilgamesh le pregunta cómo puede convertirse él también en inmortal. Utnapishtim le dice que debe mantenerse despierto durante seis días y siete noches, tras los cuales, el exhausto Gilgamesh se tumba rápidamente y duerme durante ese mismo período. Tras perder la esperanza de poder alcanzar su objetivo alguna vez, Gilgamesh se prepara para partir del lado de Utnapishtim, pero la esposa de este le recuerda que existe otra ruta que Gilgamesh puede tomar: ir al fondo del mar y encontrar la planta de la vida. Gilgamesh tiene éxito con esta empresa, pero pierde la planta a causa de una serpiente ladrona de camino de vuelta a su ciudad.*

Gilgamesh y su compañero Urshanabi viajan juntos hasta que llegan a Uruk. Cuando llegan, Gilgamesh se ufana ante Urshanabi de la prosperidad de Uruk, y le invita a un tour por las murallas de la ciudad. La épica termina aquí, con Gilgamesh de vuelta en su casa sano y salvo y orgulloso de sus logros como Rey de Uruk.

Gilgamesh se quedó en la orilla y miró a Utnapishtim. Luego dijo:

—Al principio pensaba que serías como un dios y que tendría que luchar contra ti. Pero ahora que te veo, entiendo que eres un hombre, exactamente como yo. Dime, oh anciano, ¿cómo es que lograste ser inmortal? ¿Cómo puede obtenerse este don? No deseo morir. No deseo ir al Inframundo a beber polvo.

—Te lo diré —dijo Utnapishtim, —aunque es un secreto que solo los dioses conocen. Una vez, vivía en la ciudad de Shuruppak, una hermosa ciudad a orillas del Éufrates donde los dioses habitaban hace tiempo. El gran dios Anu se había enfadado con la gente, y decidió enviar una Gran Inundación para eliminarlos a todos. Tomó consejo de Enlil y Ninurta, y estuvieron de acuerdo con él en que este era un buen plan. Incluso Ea, el más sabio, declaró bajo juramento que esto debía hacerse. Pero cuando Ea lo hizo, se acercó a mi casa y susurró a las paredes su juramento de desencadenar la Gran Inundación, y fue por ello que me enteré de lo que los dioses habían resuelto hacer.

"Ea también me susurró que debía construir un gran barco y meter en él a toda clase de ser vivo. Me susurró lo largo y lo ancho que debía ser el barco, y me dijo que colocara un techo sobre él. Le dije: "Oh Poderoso Ea, sabio entre los sabios, escucho tu orden y la obedezco. Sin embargo, seguro que los ancianos de mi ciudad se percatan de que estoy construyendo un barco. ¿Qué debo decirles cuando me pregunten qué es lo que estoy haciendo?".

"Ea me dijo: "Diles que te has hartado de Enlil y que ya no puedes seguir viviendo en la ciudad. Diles que te he dado la orden de construir el barco, que voy a llevarte a vivir a mi hogar en el Apsu. ¡Diles que si te ayudan a construir el barco, haré llover pan recién hecho y pescado fresco sobre ellos, en cantidad suficiente como para un banquete!"

"Y así, empecé a construir el barco. Contraté operarios para talar los árboles y fresar la madera, para construir el casco y colocarle las cubiertas en el interior. Después de cinco días, el casco estaba terminado. El barco tenía una altura diez varas, y cubría un acre entero de tierra. Contaba con seis cubiertas, y el interior estaba dividido en nueve compartimentos. Sacrificaba corderos y bueyes para alimentar a mis trabajadores. Les daba bien de comer, ¡cada día era como una fiesta!".

"Cuando todo estuvo terminado, cargué el barco con todos mis bienes y con comida y agua, tanto para las personas como para las bestias. Subí a toda mi familia a bordo, y también a trabajadores que eran hábiles en sus oficios. Subí a bordo a los animales, tal y como Ea me había indicado; tanto bestias salvajes como domésticas. Metí todo esto a bordo y esperé a la señal que Ea me había dicho que aparecería: ¡un aguacero de pan recién hecho y pescado fresco, en cantidad suficiente como para un banquete!".

"Al poco tiempo, apareció esa señal, así que miré a las alturas para ver que podría pasar a continuación. Vi salir el sol, y mientras Shamash cubría su ruta a través del cielo, una enorme muralla de nubes negras se alzaba tras él, y dentro de esas nubes tronaba Adad, el dios de la lluvia, y sus ayudantes, que estaban fabricando truenos a su lado. También aparecieron los Annunaki, y por doquiera que pasaban, caían rayos y tumbaban árboles y destruían casas y abrían brechas en las murallas de la ciudad. Las aguas del río crecieron y comenzaron a desbordarse por sus orillas, y el viento de tormenta de Adad continuó soplando, y comenzó a caer la lluvia".

"Luego, toda la tierra se tornó negra como la noche, y durante un momento, se quedó en calma. Acto seguido comenzó la Gran Inundación, una gran avalancha de agua que lo arrasó todo a su paso. Arrastró consigo todos los seres vivos y se alzó varias varas por encima de las copas de los árboles más altos. El agua subió por las faldas de las montañas, cubriendo todo excepto las cumbres de las más altas".

"Los dioses observaron la inundación que habían desencadenado, y se asustaron. Corrieron a su morada en los cielos, donde se sentaron temblando como perros. Cuando la diosa Beletili vio lo que los dioses habían provocado, lloró y se lamentó: "¡Ay de mí, que apoyé esta decisión! ¡Ay de mí, que he tomado parte en la destrucción que esta inundación ha causado! Pues ha barrido a todos mis hijos, que ahora están flotando sobre el agua como peces".

"Los Annunaki observaron lo que habían desencadenado, y se estremecieron en su hogar en las alturas. Miraron hacia lo que habían provocado, y lloraron de pena y de vergüenza. Sin embargo, la tempestad seguía rugiendo, ya que esto es lo que los Annunaki habían ordenado. Llovió durante seis días y siete noches, y el vendaval sopló durante seis días y siete noches. Y al séptimo día, la lluvia paró, y los vientos cesaron, y las olas del océano, que habían llegado a ser tan altas como colinas, se aquietaron, y mi barco quedó flotando sobre un mar calmo bajo la luz de Shamash".

"Abrí una de las claraboyas de un costado del barco, y vi la luz de Shamash. Miré afuera, y donde quiera que dirigiera la mirada no había nada más que mar, excepto catorce islas que habían sido los picos de las montañas más altas. Vi lo que le había sucedido al mundo, y lloré amargas lágrimas. Flotamos sobre las aguas durante un rato, pero de repente, el barco quedó encallado en el Monte Nimush, donde permanecimos seis días. Al séptimo, liberé una paloma para ver lo que le había sucedido a la tierra, pero la paloma regresó, ya que no había ningún lugar donde se pudiera posar. Hice lo mismo con una golondrina, y también esta volvió. Luego, saqué un cuervo y lo dejé marchar, pero no regresó, ya que las aguas habían comenzado a retroceder, y había podido encontrar alimento".

"Al ver que el cuervo no regresaba, les hice un sacrificio a los dioses. Quemé incienso en la cima de la montaña, y su aroma ascendió hacia las fosas nasales de los dioses y los complació. A medida que se quemaba el incienso y que su humo ascendía, la diosa Belet-ili se apareció y dijo: "Seguro que este incienso atrae a los dioses. Pero que Enlil no se acerque, ya que fue idea suya que el mundo quedase destruido por una Gran Inundación".

"Justo en ese momento, Enlil apareció. Vio el barco y la gente y los animales que habían sobrevivido a la inundación, y estaba sumamente enrabietado. "¿Quiénes son estos que han sobrevivido? ¿Quién les ha dicho que se prepararan, que se podían salvar? ¿Quién es el que se ha opuesto a la voluntad de los Annunaki?".

"Ninurta dijo: "¿Quién sino Ea podría haber hecho tal cosa? Pregúntale".

Ea se dirigió a Enlil y le dijo: "Sí, yo hice esto. Los he salvado, pues hiciste mal al destruir el mundo entero. ¿Por qué castigar a aquellos que no son culpables? Podrías haber enviado leones para que se comieran a los malhechores. Podrías haber enviado una hambruna o una plaga y también habrías conseguido tu objetivo. No le conté nuestro secreto a este hombre; más bien, le envié una visión de lo que estaba por llegar, y él hizo lo que le fue encomendado. Pero ahora tú debes decidir su destino".

"Enlil entró en mi barco. Extendió su mano hacia mí y hacia mi esposa, y nos condujo a bordo. Nos pidió que nos arrodilláramos frente a él, y luego tocó nuestras frentes y dijo: 'Nacisteis mortales, pero de ahora en adelante, seréis inmortales. Viviréis juntos en una tierra lejana, en el nacimiento de todos los ríos'".

"No obstante, los dioses no se encuentran aquí. No se reunirán contigo en este lugar. Tal vez si pasas seis días y siete noches sin dormir, consigas lo que buscas".

Entonces, Gilgamesh se sentó para intentar hacer lo que Utnapishtim le había dicho que hiciera, pero tan pronto como su cuerpo tocó el suelo, se vio sumido por un sueño profundo, y se quedó tumbado en tierra. Utnapishtim le dijo a su mujer:

— ¡Mira! ¡Quería convertirse en inmortal quedándose en vela, y en el momento en que ha tocado el suelo, se ha dormido!

Su esposa dijo:

—Pues despiértalo y envíalo de vuelta a su tierra. ¡Envíalo de regreso a su casa por donde ha venido!

—No, no voy a hacer eso —dijo Utnapishtim, — pues los hombres pueden ser deshonestos. En vez de eso, hornea para él su pan de todos los días, y por cada día que duerma, coloca una hogaza sobre su cabeza. Luego, marca sobre esta pared el número de días que ha estado durmiendo. Cuando se despierte, podrá ver cuánto ha dormido.

La esposa de Utnapishtim hizo lo que le indicó su marido. Horneaba cada día una hogaza de pan y la colocaba junto a la cabeza de Gilgamesh en el lugar de la orilla donde este dormía, y marcaba el número de días que iba durmiendo en la pared cercana. Gilgamesh durmió un día entero, y luego dos, y luego tres y cuatro, y luego cinco, y luego seis. Y en cada uno de ellos, una hogaza de pan comenzaba a endurecerse y luego a enmohecerse mientras transcurría el tiempo. Al final, al amanecer del séptimo día, Utnapishtim sacudió por los hombros a Gilgamesh y dijo:

— ¡Gilgamesh, despierta!

Gilgamesh se sentó y dijo:

— ¿Qué es esto? ¡No he hecho más que tumbarme para dormir pero va y me despiertas!

Utnapishtim señaló las hogazas de pan y dijo:

—Has estado durmiendo durante seis días y siete noches. Mira estas hogazas de pan. Mi esposa horneó una por cada día que te pasaste durmiendo, y puedes ver que todas han comenzado a endurecerse y llenarse de moho. También hemos marcado los días que ha durado tu sueño en esta pared. Como ves, hay siete marcas.

Gilgamesh se apenó por esto, y dijo:

—¡Ay de mí, pues no importa adonde vaya: la Muerte siempre está allí, pisándome los talones! ¿Nunca me libraré de ella?

Utnapishtim se volvió a Urshanabi, el barquero, y le dijo:

—Nunca podrás volver aquí. Tú y el hombre que has traído quedáis desterrados para siempre de este lugar. Pero debes hacer estos trabajos antes de que le lleves de vuelta a casa: prepara un baño caliente para Gilgamesh y deja que se sumerja en él hasta que todo el polvo y la mugre de sus fatigosos viajes se haya eliminado de su cuerpo. Lava su cabello descuidado, y péinalo con esmero. Toma los pellejos de bestias y lánzalos al mar para que la marea se los lleve adonde le parezca bien. Y cuando Gilgamesh esté limpio y se haya refrescado, dale ropas para que se ponga; ropas dignas de su estatus. Devuélvele a su cuerpo su belleza natural, para que pueda volver a su hogar con su gente sin pasar vergüenza.

Urshanabi hizo lo que se le ordenó. Preparó un baño para Gilgamesh y lavó y peinó su cabello. Tomó los pellejos de bestias y los lanzó al mar. Y cuando Gilgamesh estuvo limpio y se hubo refrescado, Urshanabi le vistió con ropas limpias dignas de su estatus. A continuación, Gilgamesh y Urshanabi subieron a bordo de su barco y lo empujaron hacia las olas.

Utnapishtim y su esposa estaban en la orilla viéndoles marchar. De repente, la esposa de Utnapishtim dijo:

—¡Espera! Diles que vuelvan, pues Gilgamesh se marcha sin un regalo digno de tal huésped, un huésped de la realeza que ha llegado aquí tras pasar muchos peligros y fatigas.

Utnapishtim los llamó para que volvieran, y cuando hubieron atracado el barco en la orilla de nuevo, le dijo a Gilgamesh:

—Antes de que te vayas, te confiaré un último secreto. En el océano que fluye bajo la tierra, hay una planta que restaura el vigor de los ancianos, la Planta de la Vida. Si bajas a ese océano, la verás creciendo allí. ¡Esa planta tiene muchas espinas; ten cuidado cuando la arranques! Llévatela contigo de regreso, y tendrás lo que deseas.

Gilgamesh cavó un gran pozo que se abría sobre el océano que fluye bajo la tierra. Se ató grandes piedras en sus pies para poder descender al fondo del mar, y acto seguido, saltó dentro del pozo y descendió al fondo del océano. Allí vio la planta espinosa, tal y como Utnapishtim le había dicho. Gilgamesh la tomó, y las espinas rajaron la palma de su mano, pero no le hizo caso. Cortó las ataduras que sujetaban las piedras a sus pies y subió a la superficie. Cuando salió y respiró el aire libre y fresco, gritó:

— ¡La he encontrado! ¡Ahora podré engañar a la muerte! ¡Pero primero, la probaré con alguno de los ancianos de mi ciudad para ver si funciona, y si lo hace, tomaré un poco de ella!

Urshanabi ayudó a Gilgamesh a salir del pozo, y se embarcaron juntos para llevar a Gilgamesh de vuelta a su casa en Uruk. Atravesaron el océano de manera segura, pero aún tenían un viaje de varias millas por delante. Caminaron juntos acompañando el uno al otro, hasta que un día se detuvieron ante un estanque claro que estaba rodeado de árboles. El día era claro y caluroso, y Gilgamesh deseaba refrescarse. Se quitó sus ropas y las dejó a la orilla del estanque junto con la Planta de la Vida. Sin embargo, mientras Gilgamesh chapoteaba en el agua y se refrescaba, pasó una serpiente por allí. La serpiente olió el aroma de la planta y se sintió atraída por ella, por lo que se acercó a la orilla del estanque y se llevó la planta con ella.

Cuando Gilgamesh salió del estanque, vio que la planta ya no estaba allí, pero que la serpiente había mudado su piel tras haberla tomado y haberse marchado deslizándose. Gilgamesh se sentó en el suelo y lloró:

— ¡Oh, todo lo que he padecido ha sido en vano! ¡Todo mi viaje, y todas las dificultades, y todos los peligros, echados a perder!

Nunca volveré a encontrar esa planta, y la Muerte me llegará a su hora, como lo hace para todo el mundo.

Gilgamesh y Urshanabi siguieron viajando, deteniéndose solo para comer y dormir. Y al día siguiente, llegaron a la ciudad de Uruk:

— ¡Ahí está mi ciudad, Urshanabi! ¿A que es gloriosa? ¡Mira sus fuertes murallas, sus puertas bellamente trabajadas! Ven, pasea conmigo por las murallas, y verás lo bien construida que está mi ciudad y lo próspera que es. Verás los huertos de dátiles y el Templo de Ishtar y otras muchas otras cosas en esta, mi ciudad. ¡Ven!

Segunda Parte: Mitología sumeria

Mitos fascinantes de los dioses, diosas y criaturas legendarias de la antigua Sumeria y su importancia para los sumerios

Introducción

La literatura sumeria comprende una de las colecciones más antiguas de documentos escritos del mundo. Al igual que otros cuerpos de mitología creados por innumerables culturas, el corpus sumerio contiene historias que explican los orígenes del mundo, mitos sobre las acciones y debilidades de deidades demasiado humanas y seres semidivinos, cuentos de magia y milagros, y épicas que detallan las poderosas hazañas de los héroes que por su gran fuerza y habilidad superan tanto a bestias peligrosas como a enemigos humanos. Entre los textos sumerios que han sobrevivido se encuentran también varios textos religiosos compuestos por Enheduanna, la hija de Sargón de Acad y la alta sacerdotisa del templo del dios de la luna Nanna, así como el primer autor nombrado en la historia de la humanidad.

El sistema de escritura utilizado para registrar textos sumerios de todo tipo se conoce como cuneiforme, por su uso de un lápiz en forma de cuña para imprimir símbolos en tablillas de arcilla blanda que luego se dejaban secar, o a veces se cocinaban en un horno, para preservar la escritura (la palabra "cuneiforme" tiene sus raíces en la palabra latina *cuneus*, que significa "cuña"). Este sistema, que se cree que es la forma de escritura más antigua del mundo, fue posteriormente adaptado en toda Mesopotamia por hablantes de lenguas como el acadio y el persa antiguo. Aunque un número incalculable de estas tablillas se han perdido por completo, miles de ellas han sobrevivido hasta el día de hoy. Sin embargo, muchas de las tablillas sobrevivientes han llegado hasta nosotros rotas y, por lo tanto, incompletas, lo que ha ocasionado dificultades para traducir y reconstruir los textos que comenzaron a escribirse hace casi cinco mil años.

La antigua civilización sumeria comenzó en el llamado "Creciente Fértil", un área alrededor y entre los ríos Tigris y Éufrates en lo que hoy es Irak. Desde alrededor del 3000 a. C., los sumerios ocuparon el extremo sur de este Creciente, cerca de las desembocaduras de los ríos y no lejos del golfo Pérsico. El pueblo sumerio fue uno de los primeros de la región en practicar la agricultura y en crear ciudades-estado. Fueron pioneros en muchas técnicas importantes en el trabajo de los metales, la creación de textiles y la cría de animales, y con su invención de la escritura cuneiforme, no solo inscribieron sus textos religiosos sino que también llevaron registros muy meticulosos de sus negocios y crearon el primer corpus de ley escrita.

El sumerio es lo que se conoce como un "lenguaje aislado", lo que significa que no parece tener relación con ningún otro idioma. Alrededor del año 2000 a. C., el sumerio dejó de utilizarse como lengua hablada y fue sustituido como lengua vernácula por el acadio (una lengua semítica relacionada con el amárico y el árabe modernos); sin embargo, el sumerio permaneció como lengua literaria y ritual de élite durante muchos siglos después. Una consecuencia de estos cambios en el uso del idioma es que los textos sumerios se registraron tanto en formas sumerias monolingües como en formas bilingües junto con las versiones acadianas.

La definición de lo que constituye el mito "sumerio" se complica no solo por la situación lingüística sino por otros acontecimientos históricos y realidades culturales. Sumeria fue absorbida por el imperio Acadio en 2234 a. C., y hay una generosa cantidad de superposición entre las religiones sumeria y acadia y la mitografía que puede hacer difícil separar una de la otra. Por lo tanto, para los propósitos de este libro, he seguido las listas y la categorización de las narrativas proporcionadas en el Corpus de Texto Electrónico de la Literatura Sumeria (ETCSL por sus siglas en inglés) creado por la Facultad de Estudios Orientales de la Universidad de Oxford.

Los mitos presentados en el presente volumen incluyen relatos de dioses y diosas, tanto mayores como menores, así como de reyes y héroes, tanto históricos como míticos. Uno de estos reyes es el héroe de lo que muchos estudiosos creen que es la primera epopeya escrita: Gilgamesh. Las historias sobre Gilgamesh -un rey sumerio histórico que más tarde se deificó y mitologizó- y sobre sus ilustres (y probablemente míticos) antepasados, Lugalbanda y Enmerkar, forman un importante subconjunto de las narraciones registradas en el idioma sumerio, y los mitos sumerios constituyeron la base de la expansión de la epopeya acadiana más conocida por los lectores modernos. La historia de Sargón de Acadia es también sobre una figura histórica real, aunque una para la que tenemos más pruebas fiables que para Gilgamesh. Sin embargo, los eventos relatados en la historia explican cómo Sargón llegó a ser rey han sido mitificados, probablemente como parte de un intento de dar legitimidad política y religiosa al reinado de Sargón.

Al igual que las historias de Gilgamesh están ambientadas en lugares que son a la vez históricos y míticos, también los cuentos de los dioses crean una superposición entre el mundo físico y el mundo del mito. En los mitos sumerios, Enlil vive en su casa, el E-kur, en la ciudad sumeria de Nippur, pero esta no es simplemente una casa mítica poblada por seres míticos: El E-kur fue la estructura real hecha por los sumerios como un templo para la adoración de Enlil. Y así como histórica, en realidad la Nippur física fue un lugar de peregrinación, y también lo es en el mito, como vemos en la historia del viaje de Nanna a esa ciudad para visitar a su padre divino, Enlil.

Además de crear conexiones entre el mundo humano y el divino, los mitos sumerios explican cómo llegó a existir el mundo en primer lugar. Estos mitos establecen el orden cósmico, que coloca a los dioses mayores, o Annunaki, en la cima de la jerarquía, con los dioses menores, o Igigi, debajo de ellos. Debajo de los Igigi están los seres humanos, que, según los sumerios, fueron creados para hacer el trabajo de construcción y agricultura que los Igigi originalmente habían sido asignados a hacer, haciendo así a los seres humanos responsables no solo de su propio sustento sino también del de los dioses. Otras historias cuentan cómo algunas de las deidades menores llegaron a ser, a menudo como resultado tanto de la violación como del incesto. Vemos esto en la historia de Enki y Ninhursag, por ejemplo.

La fuerza heroica capaz de poner a las montañas de rodillas es la competencia de las deidades masculinas y femeninas en el mito sumerio. El dios Ninurta lucha contra el malvado Asag y reorganiza las montañas para permitir que el Tigris y el Éufrates fluyan, mientras que la diosa Inanna derriba el monte Ebih en venganza por la negativa de la montaña a reverenciar a la diosa.

Preocupaciones humanas menos elevadas también están encapsuladas en otros dos mitos que explican algo sobre las interacciones de las diferentes culturas. La historia de Dumuzi y Enkimdu es una versión mitológica de los conflictos potenciales entre los pueblos pastores y agrícolas, mientras que la historia del matrimonio de Martu explica la fusión del pueblo nómada Amorite con culturas más asentadas y urbanizadas.

Los textos sumerios originales de estas historias son de naturaleza poética y a menudo contienen un número significativo de frases repetidas. Para los propósitos de este libro, he traducido las historias en prosa y he simplificado las repeticiones para que el lenguaje fluya como tal. También he incluido un glosario de nombres y lugares para los lectores modernos que no estén familiarizados con la mitografía sumeria. Pero como quiera que se transmitan estas historias, siempre nos dirán cómo este pueblo antiguo entendía su mundo y su lugar en él, así como sobre las costumbres y relaciones que consideraban más importantes.

Parte I: Cuentos de dioses y diosas

Enki y Ninmah

Este mito de la creación es a la vez inusual e importante en el sentido de que trata no solo del establecimiento del orden cósmico y de cómo llegó la humanidad, sino también directamente de la cuestión de la discapacidad humana. Aquí Enki desafía a Ninmah (la diosa madre también conocida como Ninhursag) a crear un ser con un defecto que no se pueda arreglar, pero cada vez que Ninmah presenta a Enki una de sus creaciones discapacitadas, Enki decreta un lugar para ellas en la sociedad. Después de que Ninmah hace varios intentos de superar a Enki y fracasa, Enki declara que es su turno de crear algo. Cuando Enki crea un ser tan discapacitado que Ninmah no puede encontrar una solución, el concurso llega a su fin, aunque la parte final de la historia está fragmentada, y no está claro qué ocurre con la creación de Enki o cómo se decide la aparente victoria de Enki sobre Ninmah.

En su diccionario de mitología del Cercano Oriente, la asirióloga Gwendolyn Leick tiene una interpretación algo diferente para el personaje de Umul, la criatura hecha por Enki. Basándose en la lista de las características de Umul, Leick sugiere que en lugar de ser un adulto severamente discapacitado, esta criatura es, de hecho, el primer bebé.

Cuando los cielos y la Tierra fueron creados por primera vez, solo había dioses y diosas para que vivieran en ellos. Las diosas se convirtieron en las esposas de los dioses, y los dioses hicieron el trabajo de moldear la Tierra. Los Annunaki actuaron como planificadores y supervisores, determinando lo que debía hacerse. Los Igigi hacían el trabajo según las órdenes de los Annunaki. Los Igigi cavaban los lechos de los ríos, y apilaban las montañas. Era un trabajo pesado, y los Igigi estaban descontentos.

Mientras se realizaba ese trabajo, Enki, el dios de la sabiduría, se había retirado a su cámara en el Apsu, donde descansaba. Mientras los Annunaki planeaban y los Igigi trabajaban duro, Enki dormía. Los Igigi se dijeron entre ellos—Es culpa de Enki que debamos trabajar así. —pero Enki siguió durmiendo y no escuchó sus quejas.

Finalmente, Namma, gran madre de los dioses, fue a ver a Enki y lo despertó—. Levántate de tu cama, Enki. Los dioses están descontentos con sus trabajos y han empezado a rebelarse. Levántate de tu cama y ayúdalos. Crea un sustituto para ellos, uno que pueda hacer esta labor en su lugar.

Enki se levantó de su cama y fue a su cámara del consejo, donde pensó mucho sobre lo que se debería hacer. Finalmente, creó dos diosas de nacimiento. Luego llamó a su madre Namma y le dijo—: Toma una medida de arcilla y mézclala con gotas de mi sangre. Cuando esté bien mezclada, córtala en porciones, y con la ayuda de tus diosas compañeras, da forma a los trozos de arcilla en seres.

Y así fue como Enki y las diosas crearon a hombres y mujeres. A los nuevos seres se les dio vida, y cuando los hombres y mujeres se vieron, deseaban casarse. Cada hombre se casó con una de las mujeres, y pronto tuvieron sus propios hijos. Enki y las diosas colocaron a los nuevos seres en la Tierra y les dieron las labores que los Igigi habían hecho antes. Liberados de sus tareas, los dioses cayeron a los pies de Enki y lo alabaron por su sabiduría. Luego declararon una gran fiesta para celebrar los trabajos de Enki.

En la fiesta, Enki y Ninmah bebieron cerveza juntos. Ninmah le dijo a Enki—Tengo el poder de decretar el destino de los seres humanos. Puedo hacer que sus cuerpos estén bien o mal. Este es un poder que tengo.

Enki respondió—Bueno, entonces, cualquier destino o forma que decretes para los seres humanos, puedo cambiarlo a su opuesto.

Así que Ninmah tomó un trozo de arcilla y lo transformó en un hombre con manos débiles y marchitas que no podía agarrar nada. Enki vio esto y decretó que debía ser un sirviente del rey.

Ninmah tomó otro trozo de arcilla y lo convirtió en un hombre ciego. Enki le dio al ciego el regalo de la música y lo puso a cantar en presencia del rey.

Ninmah hizo un tercer hombre, uno con los pies malformados. Enki le dio al hombre con los pies malformados el regalo de la platería y lo puso a trabajar haciendo cosas bonitas para el rey.

Luego Ninmah hizo un hombre incontinente, cuya orina se filtraba constantemente de su cuerpo. Enki tomó al hombre y lo bañó en el agua que había bendecido, y el hombre se curó.

Ninmah hizo una mujer que no podía tener hijos. Enki le dio a la mujer el don de tejer y la envió a hacer una hermosa tela en la casa de la reina.

Otra persona que Ninmah hizo, una que no era ni hombre ni mujer. Enki decretó que este ser debía ser llamado eunuco y que debía trabajar como sirviente en la casa del rey.

Ninmah estaba furiosa, porque Enki la había vencido todas las veces. Ella tomó el último pedazo de arcilla que quedaba y lo tiró al suelo. Los dioses vieron esto, y la sala de fiestas se quedó en silencio.

—Has hecho seis seres, y les he dado regalos para que puedan vivir—dijo Enki—. Vamos, déjame crear un ser, y debes decretar su destino.

Enki creó un nuevo ser, y se llamó Umul. Era débil y marchito. Se le veían todas sus costillas. No podía sostener su cabeza. No podía caminar ni hablar. No podía comer ni beber. Entonces Enki le dijo a Ninmah—Le di regalos a todas tus criaturas para que vivieran; ahora tú debes hacer lo mismo con la mía.

Ninmah fue a Umul y habló con él, pero no respondió. Ella le ofreció comida, pero él no pudo aceptarla. Trató de ayudarlo a pararse, trató de ayudarlo a sentarse, pero Umul no pudo hacer esas cosas.

Ninmah fue a Enki y le dijo—No sé qué hacer. Este ser parece no estar ni vivo ni muerto. Ciertamente no puede trabajar y no será capaz de mantenerse a sí mismo.

Enki respondió—Ven ahora. Por cada ser defectuoso que creaste, decreté un destino. Le di a cada uno un regalo.

[El resto de la historia está fragmentada, pero los trozos sobrevivientes parecen indicar que Enki ganó la competencia. No está claro exactamente qué destino se decretó finalmente para Umul, aunque en la traducción de W. G. Lambert, Enki dice de Umul, "Que haga mi casa"].

Enlil y Ninlil

Enlil era el dios principal del panteón sumerio. El principal centro de culto para su adoración estaba en la ciudad de Nippur, donde el templo dedicado a él era conocido como el E-kur. Enlil era el primogénito del gran dios An, y como tal, se le solía considerar como un dios que dispensaba juicios y decretaba destinos. A menudo se le asocia con el viento y el aire, y se pensaba que traía prosperidad y calamidad por igual.

Ninlil era la consorte de Enlil, y su nombre es en realidad una referencia honorífica al nombre de su marido. Una versión de la historia de la boda de Enlil y Ninlil afirma que el nombre de Ninlil originalmente era Sud y que recibió su nuevo nombre cuando se casó con Enlil.

La función principal del mito de Enlil y Ninlil es explicar los orígenes de Nanna, Nergal, Ninazu, y Enbilulu, los dioses de la luna, de la guerra y del inframundo, de las fronteras y de los canales, respectivamente. También posiciona a Ninlil como una diosa madre. Pero como la erudita Gwendolyn Leick observa en su libro sobre los aspectos sexuales y eróticos de la literatura mesopotámica, también podemos ver algunos de los valores que los pueblos antiguos ponían en las normas sociales para los hombres y mujeres jóvenes cuando llegaban a la edad de tener hijos juntos. Leick señala que Enlil es expulsado de los Ki-ur porque tuvo relaciones con Ninlil antes de casarse con ella.

Aunque sabemos lo que era el E-kur y para qué servía tanto en su manifestación física en la antigua Nippur como en su sentido mítico, el significado de "Ki-ur" sigue siendo incierto. El asiriólogo Samuel Kramer analiza la palabra en algunas notas a pie de página de su artículo sobre el mito del diluvio sumerio, donde sugiere que significa algo así como "campo", refiriéndose aparentemente a las zonas rurales que, aunque habitadas, existen en oposición a las ciudades populosas. En el mito de Enlil y Ninlil, el "Ki-ur" parece referirse a una especie de lugar donde residen los dioses, un lugar que está a la vez fuera de la ciudad y que requiere que quienes entran en ella sean ritualmente puros.

Una vez en la ciudad de Nippur, vivía una joven llamada Ninlil y un joven llamado Enlil. La joven era muy hermosa, y el joven era fuerte y valiente. Ninlil vivía con su madre, una anciana sabia llamada Nunbarshegunu. No había nada que le gustara más a Ninlil que bajar al río y pasear por sus orillas. Pero Nunbarshegunu no quería que su hija bajara al río porque al joven Enlil también le gustaba pasear por las orillas y navegar por el agua.

—Aléjate del río—dijo Nunbarshegunu—, ¡y nunca debes bañarte en él! Ese joven Enlil siempre está ahí. ¿Y si te ve caminando por el río sagrado o bañándote en él? ¿Y si te ve y te desea, y si se sale con la suya? ¿Qué harás entonces?

Ninlil no escuchó a su madre. Todos los días, bajaba al río y caminaba por sus orillas. Un día, Enlil estaba en el río al mismo tiempo que Ninlil. Enlil vio lo hermosa que era Ninlil, y se quedó en trance. Enlil se acercó a Ninlil y le dijo—: ¡Eres tan hermosa! ¡Por favor, déjame besarte, déjame acostarme contigo! ¡No me rechaces, porque te amo!

Pero Ninlil no dejaría que Enlil se acostara con ella. Ella dijo—: Soy demasiado joven para besar a cualquier hombre y ciertamente demasiado joven para acostarme con él. ¿Qué pasa si me pillas con un niño? ¿Qué haré entonces? Además, si mi madre y mi padre se enteraran de lo que hemos hecho, se enfadarían conmigo.

Y así, Ninlil se fue, y Enlil no consiguió su deseo.

Enlil no sabía qué hacer después, así que fue a hablar con Nuska, el Maestro Constructor del E-kur, la Casa de los Dioses—. Nuska—dijo Enlil—, ¿conoces a esa joven que camina a lo largo del río todos los días? Su nombre es Ninlil, y es muy hermosa. Dime, ¿tiene algún otro pretendiente? ¿Alguien la ha besado antes?

Como respuesta, Nuska dijo—: Sube a mi barco, O Enlil, y te llevaré a ella. —Nuska los llevó río abajo, y durante todo el camino, Enlil pensó en lo maravilloso que sería besar a Ninlil y finalmente acostarse juntos.

Muy pronto, Enlil encontró a Ninlil. La besó y derramó su semilla en su vientre, y Ninlil quedó embarazada. Y así fue como Ninlil dio a luz a Nanna, el dios de la luna.

Entonces Enlil fue a la Ki-ur porque tenía la intención de vagar por allí. Pero los dioses habían visto lo que había hecho con Ninlil, y lo hicieron arrestar. Los dioses le dijeron a Enlil que por su acción iba a ser expulsado de la ciudad porque ahora era impuro.

Enlil fue a las puertas para salir de la ciudad. Ninlil lo vio irse y lo siguió. Enlil sabía que Ninlil estaba allí y no quería que Ninlil lo siguiera. No quería que supiera a dónde iba. Cuando Enlil llegó a las puertas de la ciudad, fue al guardián y le dijo—: ¿Ves a la hermosa Ninlil que me sigue? Si pregunta adónde he ido, debes decirle que no lo sabes.

Ninlil llegó a la puerta. Le preguntó al guardián de la puerta a dónde había ido Enlil. Pero el guardián no estaba allí; Enlil había tomado su forma y ocupó su lugar. En la forma del guardián, Enlil dijo—No lo he visto en absoluto, mi señora. No sé dónde está.

—Bueno—dijo Ninlil—, si ese es el caso, entonces debes venir y acostarte conmigo una vez que haya tenido a mi hijo. Porque este es el hijo de Enlil, y como él es tu señor, eso me convierte en tu señora.

El guardián y Ninlil estuvieron juntos y se deleitaron el uno al otro. Enlil derramó su semilla en el vientre de ella, y Ninlil quedó embarazada. Y así fue como Ninlil dio a luz a Nergal, el dios de la guerra y del inframundo.

Entonces Enlil fue al Id-kura, el río que fluye entre la tierra de los vivos y el inframundo, y Ninlil lo siguió. Enlil fue al hombre que vivía al lado del Id-kura y le dijo—: ¿Ves a la hermosa Ninlil que me sigue? Si pregunta adónde he ido, debes decirle que no lo sabes.

Ninlil llegó al río. Preguntó al hombre que vivía junto al río dónde había ido Enlil. Pero el hombre no estaba allí; Enlil había tomado su forma y ocupó su lugar. En la forma del hombre que vivía junto al Id-kura, Enlil dijo—No lo he visto en absoluto, mi señora. No sé dónde está.

—Bueno—dijo Ninlil—, si ese es el caso, entonces debes venir y acostarte conmigo una vez que haya tenido a mi hijo. Porque este es el hijo de Enlil, y como él es tu señor, eso me convierte en tu señora.

El hombre que habitaba en el Id-kura y Ninlil estuvieron juntos y se deleitaron el uno con el otro. Enlil derramó su semilla en el vientre de ella, y Ninlil quedó embarazada. Y así fue como Ninlil dio a luz a Ninazu, el dios que establece los límites de los campos.

Entonces Enlil dejó a Ninlil y se fue caminando a lo largo del río, y Ninlil lo siguió. Enlil fue al barquero y le dijo—: ¿Ves a la hermosa Ninlil que me sigue? Si pregunta adónde he ido, debes decirle que no lo sabes.

Ninlil llegó al río. Le preguntó al barquero a dónde había ido Enlil. Pero el hombre no estaba allí; Enlil había tomado su forma y ocupó su lugar. En la forma del barquero, Enlil dijo—No lo he visto en absoluto, mi señora. No sé dónde está.

—Bueno—dijo Ninlil—, si ese es el caso, entonces debes venir y acostarte conmigo una vez que haya tenido a mi hijo. Porque este es el hijo de Enlil, y como él es tu señor, eso me convierte en tu señora.

El barquero y Ninlil estuvieron juntos y se deleitaron el uno al otro. Enlil derramó la semilla de Enbilulu en su vientre, y Ninlil quedó embarazada. Y así fue como Ninlil dio a luz a Enbilulu, el dios de los canales.

Enki y Ninhursag

Esta historia está ambientada en la tierra de Dilmún, un lugar que es sinónimo de paz y abundancia en la literatura sumeria. Un Dilmún histórico real existió; los eruditos lo han localizado en el lado este de la Península Arábiga a lo largo del Golfo Pérsico. Es probable que Dilmún incluyera lo que hoy es la nación insular de Bahrein y la península que hoy es el estado de Qatar, y fue un importante socio comercial de los pueblos mesopotámicos. Con el tiempo, sin embargo, Dilmún se convirtió en un mito en la literatura sumeria como una especie de paraíso donde no había ni enfermedad ni violencia.

Enki, uno de los personajes principales de este mito, es un dios creador, un embaucador, y está particularmente asociado con el agua. Enki también parece haber sido concebido como una especie de opuesto a Enlil. En su diccionario de mitos del Cercano Oriente, la asirióloga Gwendolyn Leick señala que el nombre Enlil puede traducirse como "Señor Aire", mientras que Enki puede traducirse como "Señor Tierra". Aunque el principal centro de culto de Enlil estaba en Nippur, el templo principal de Enki estaba en Eridu, una ciudad en lo que hoy es el centro sur de Irak, al oeste del río Éufrates.

"Ninhursag" no es más que uno de los muchos nombres de la gran diosa madre sumeria. Ninhursag está particularmente asociada con Enki, y según Leick, el nombre de la diosa es en realidad un título que significa algo así como "Dama de las Colinas Salvajes", nombre que le da su heroico hijo, Ninurta, en el mito de su batalla contra la malvada criatura Asag.

Esta historia explica los orígenes de varias deidades menores. Primero son Ninsar, Ninkura y Uttu, que estaban asociadas con las plantas, los pastos de montaña y el tejido, respectivamente. Como es común en la mitología antigua, los seres divinos en los cuentos sumerios son a menudo el producto de relaciones incestuosas, y esta historia participa de esa tradición. Enki primero tiene relaciones con Ninhursag y luego con Ninsar, la hija que se produce por esa unión, y luego con su hija Ninkura, y así sucesivamente, hasta llegar a la cuarta generación con Uttu, con lo que Ninhursag pone fin al patrón quitando la semilla de Enki del vientre de su bisnieta y la utiliza para crear plantas en su lugar. Cuando Enki consume las plantas sin preguntar, Ninhursag se va furiosa y no vuelve hasta que un zorro es enviado por los Annunaki a buscarla. La historia termina con Ninhursag curando a Enki de la enfermedad causada por su ausencia, y varias otras deidades menores son nombradas y posiblemente creadas en el proceso.

Las tablillas originales que contienen esta historia están rotas en algunos lugares, como es común en estos documentos muy antiguos y muy frágiles. En algunos lugares es posible imaginar lo que podría haber sucedido en las partes de la historia que faltan basándose en el contexto, si existe suficiente material para hacer una suposición de lo que sucedió. Sin embargo, la parte de la historia que muestra cómo el zorro trajo a Ninhursag de vuelta a los Annunaki está demasiado poco preservada para ser recreada con alguna precisión.

He notado esto en el texto del mito en el punto apropiado. De la misma manera, en la sección en la que Ninhursag cura al enfermo Enki pieza por pieza, algunas de las palabras para las partes del cuerpo afectadas faltan o son intraducibles y no se pueden adivinar por el contexto. Por lo tanto, las he reemplazado con elipses.

Lejos, muy lejos, hay una tierra llamada Dilmún. Dilmún es una tierra pura, una tierra de paz y de abundancia. Las bestias de presa no cazan, las aves carroñeras no se alimentan. En Dilmún no hay enfermedad ni miedo, no hay un lento declive hacia la vejez, y no hay muerte ni luto. No se conoce el trabajo ni el esfuerzo. Todo es joven, todo es pacífico, todo es puro, y allí en la tierra de Dilmún, Enki yacía con su consorte con gran alegría.

Un día, Ninsikila fue a ver a su padre Enki y le dijo—: Oh, padre mío, todo está bien en Dilmún, todo es pacífico y puro, pero nuestra ciudad no tiene agua. No tenemos un río sobre el que construir un muelle o barcos de vela. No tenemos canales para regar nuestros campos. No hay estanques de los que puedan beber las bestias. Nuestros pozos están secos, y la gente no tiene nada que beber. Danos agua para que podamos vivir.

Enki pensó en la petición de Ninsikila y dijo—: Cuando Utu, el dios del sol, aparezca en el cielo, Dilmún tendrá agua.

Y así fue que cuando Utu, el dios del sol, se elevó en el cielo, el agua comenzó a fluir en Dilmún. Un gran río se abrió paso a través de la ciudad, un río en el que construir un muelle, en el que navegar barcos, y Dilmún pudo comerciar con otros pueblos. El agua fluía a través de los canales, regando los campos, y los cultivos crecían en abundancia. Los estanques se llenaban de agua buena y dulce, y las bestias bebían hasta hartarse. Los pozos se llenaban de agua buena y dulce, y la gente bebía hasta saciarse.

Entonces Enki invitó a la diosa Ninhursag a acostarse con él—. Ven—dijo—, vamos a deleitarnos el uno al otro.

Ninhursag se acostó con Enki, y derramó su semilla en ella, y ella quedó embarazada. Durante nueve días Ninhursag llevó a ese niño, y cada día fue como un mes. Después de nueve días, el niño nació, una niña llamada Ninsar.

Un día, Enki bajó a la orilla del río, y allí vio a Ninsar, que caminaba por el río al otro lado, Ninsar que se había convertido en una joven y hermosa mujer. Enki fue a su consejero, Isimud, y le dijo—: ¿No está Ninsar en edad de ser besada? ¿No está preparada para conocer a un hombre?

Isimud respondió—: Sí, de hecho, tiene la edad. Ven, sube a mi barco y te llevaré a ella.

Enki cruzó el río en el barco de Isimud. Fue a Ninsar y la besó. Enki cogió a Ninsar y la puso en el suelo y derramó su semilla en ella. Él derramó su semilla en ella, y ella quedó embarazada. Durante nueve días Ninsar llevó a ese niño, y cada día fue como un mes. Después de nueve días, nació el niño, una niña llamada Ninkura.

Otro día, Enki bajó a la orilla del río, y allí vio a Ninkura, que caminaba por el río al otro lado, Ninkura que se había convertido en una joven y hermosa mujer. Enki fue a su consejero, Isimud, y le dijo— ¿No está Ninkura en edad de ser besada? ¿No está preparada para conocer a un hombre?

Isimud respondió—: Sí, de hecho, tiene la edad. Ven, sube a mi barco y te llevaré a ella.

Enki cruzó el río en el barco de Isimud. Fue a Ninkura y la besó. Enki tomó a Ninkura y la puso en el suelo y derramó su semilla en ella. Él derramó su semilla en ella, y ella quedó embarazada. Durante nueve días Ninkura llevó a ese niño, y cada día fue como un mes. Después de nueve días, el niño nació, una niña llamada Uttu.

Cuando Uttu alcanzó la mayoría de edad, su bisabuela Ninhursag la llevó a un lado y le dijo—Uttu, ahora estás en una edad en la que los hombres pueden empezar a mirarte y desearte. Debes tener mucho cuidado cuando camines por la orilla del río. Ten cuidado, porque Enki a menudo se para en la orilla opuesta y observa a las jóvenes mientras pasan. Si Enki se acerca a ti, no le des lo que quiere de inmediato. Dile que primero debe traerte pepinos, uvas y manzanas, todas maduras, dulces y jugosas, y que cuando lo haga, tendrá lo que desea.

Y así fue como un día Uttu fue a caminar por la orilla del río, y era muy hermosa de contemplar. Al otro lado del río, Enki miró a Uttu, y la deseó. Una vez más, el consejero de Enki lo llevó al otro lado del río, y Enki le hizo saber su deseo a Uttu.

Uttu recordó las instrucciones de Ninhursag y dijo—: Tendrás lo que deseas solo cuando me traigas pepinos y uvas y manzanas, todas maduras y dulces y jugosas.

—¿Cómo lo haré—dijo Enki—si todos los campos están secos y polvorientos, y el jardinero llora bajo sus árboles marchitos?

—No sé cómo vas a hacer esas cosas, solo que no tendrás lo que deseas sin ellas.

Enki fue al jardín, donde todo estaba seco y polvoriento. Hizo que el agua fluyera por los canales. Hizo que el agua fluyera en los surcos. Pronto, el jardín estaba dando todo tipo de cosas buenas, y el jardinero bailó en su alegría. El jardinero le dio pepinos, uvas y manzanas a Enki, todas maduras, dulces y jugosas. El jardinero amontonó pepinos, uvas y manzanas en el regazo de Enki, como agradecimiento por el agua que hizo florecer su jardín.

Enki llevó los pepinos, las uvas y las manzanas a la casa de Uttu. Llamó a su puerta. Desde dentro, Uttu preguntó— ¿Quién está ahí?

—Soy yo, el jardinero, trayendo pepinos, uvas y manzanas—dijo Enki.

Uttu le dejó entrar con gran alegría. Enki le dio los pepinos, las uvas y las manzanas, todas maduras y dulces y jugosas. Y en la casa de Uttu, se acostaron juntos y se deleitaron el uno del otro. Enki derramó su semilla en el vientre de Uttu, pero Uttu se lamentó de haber yacido con él. Ninhursag entonces tomó la semilla de Uttu y la plantó en su jardín. De la semilla de Enki crecieron ocho plantas con sus frutos, y Ninhursag las cuidó.

Un día, Enki le dijo a su consejero Isimud—Dime, ¿qué pasa con las plantas que crecieron de mi semilla y que Ninhursag plantó?

¿Crecieron? ¿Han dado fruto? Ve al jardín de Ninhursag, y mira lo que está creciendo allí.

Y así, Isimud fue al jardín de Ninhursag. Miró por encima del muro y vio las ocho plantas que crecían allí, las ocho plantas altas con sus frutos. Vio que la fruta era buena para comer y pensó que su amo podría desear probarla. Así que Isimud cortó las ocho plantas. Las cortó con sus frutos y las llevó de vuelta a Enki. Enki probó su fruta, y era muy buena.

Cuando Ninhursag descubrió que Isimud había cortado las plantas y se las llevó a Enki para que se las comiera, se enfureció y maldijo a Enki—. ¡Nunca más te miraré!—dijo, y luego se fue y no volvió.

Los Annunaki esperaron y esperaron a que Ninhursag regresara. Cuando no lo hizo, los Annunaki se desanimaron. Se sentaron en el polvo y lloraron la pérdida de Ninhursag.

Un zorro pasó trotando y vio a los Annunaki y su dolor. El zorro preguntó— ¿Por qué se sientan en el polvo a llorar?

Los Annunaki respondieron—: Estamos de luto porque Ninhursag nos ha dejado, y ella no regresa.

—¿Qué me darás si te la devuelvo?—dijo el zorro.

Enlil respondió—: Si me devuelves a Ninhursag, plantaré un jardín para ti. Plantaré un huerto para ti, y tu nombre siempre será recordado por la gente y los dioses.

[*La siguiente parte de la historia falta en las tablillas. De lo poco que queda, podemos deducir que el zorro se disfraza de alguna manera y consigue que Ninhursag vuelva a los Annunaki, donde los encuentra todavía sentados en el polvo en duelo.*]

Ninhursag fue a Enki donde estaba sentado abatido en el polvo. Ninhursag le dijo—Oh hermano mío, ¿qué es lo que te duele?

Enki dijo—Mi... es lo que me duele.

Ninhursag dijo—Di a luz al dios Abu para ti para que puedas ser curado. ¿Qué más te duele?

—Mi mandíbula es lo que me duele.

Ninhursag dijo—Di a luz al dios Nintul por ti para que puedas ser curado. ¿Qué más te duele?

—Mi diente es lo que me duele.

Ninhursag dijo—Di a luz a la diosa Ninsutu para ti, para que puedas ser curado. ¿Qué más te duele?

—Mi boca es lo que me duele.

Ninhursag dijo—Di a luz a la diosa Ninkasi para ti, para que puedas ser curado. ¿Qué más te duele?

—Mi... me duele.

Ninhursag dijo—Di a luz a la diosa Nazi para ti, para que pudieras ser curado. ¿Qué más te duele?

—Mi brazo es lo que me duele.

Ninhursag dijo—Di a luz a la diosa Azimua para ti, para que puedas ser curado. ¿Qué más te duele?

—Mi costado es el que me duele.

Ninhursag dijo—Di a luz a la diosa Ninti para ti, para que puedas ser curado. ¿Qué más te duele?

—Mi... me duele.

Ninhursag dijo—Di a luz al dios Enshagag para ti, para que puedas ser curado.

Entonces Ninhursag dijo—Y ahora digamos qué será de estos dioses y diosas que he dado a luz. Abu será el señor de las plantas. Nintul será el señor de Magan. Ninsutu se casará con Ninazu, hijo de Enlil y Ninlil. Ninkasi satisfará todos los deseos. Nazi se casarán con el dios Nindara. Azimua se casará con Ningishzida, hijo de Ninazu. Ninti será la reina de los meses, y Enshagag gobernará sobre Dilmún como señor.

Las hazañas de Ninurta

El dios-héroe que mata a la bestia monstruosa es una figura común en la mitología mundial. En el antiguo Oriente Medio, este papel lo desempeñaba el dios Ninurta. Ninurta es el hijo de Enlil y

Ninhursag y fue originalmente asociado con la agricultura y la fertilidad. También se le considera un juez que decide sobre cuestiones de leyes.

En esta historia, Ninurta debe luchar contra el Asag, un tipo de demonio o dragón que anda por la tierra fomentando la rebelión contra los dioses. El Asag recluta guerreros de piedra para ayudarle, y nadie más que Ninurta tiene la fuerza para derrotar al Asag y a su ejército.

Además de ser un relato de hazañas heroicas y de matar dragones, esta historia también explica los orígenes de la irrigación y la agricultura como prácticas iniciadas por Ninurta tras la muerte del Asag y asigna el título de "Ninhursag", que significa algo así como "Dama de las Colinas Salvajes", a la diosa Ninmah. El mito de las hazañas de Ninurta también explica los usos y cualidades de varios tipos de piedra. Mientras que los nombres de algunas de las piedras han sido traducidos, la identificación de la mayoría de las otras permanece incierta. La sección del mito en la que Ninurta declara el destino de las piedras es larga y algo abstrusa; aquí ha sido expandida para una audiencia moderna.

El héroe Ninurta se sentó entre los Annunaki en el banquete que fue organizado en su honor. Todo el mundo se regocijaba, especialmente Ninurta, que bebía y bebía. Incluso más que An, incluso más que Enlil, Ninurta bebía. Y mientras estaban festejando, Bau, diosa de la curación, trajo ante él peticiones y Ninurta, hijo de Enlil, dio sus dictámenes sobre ellas.

Como Ninurta decidió y los Annunaki festejaron, el Sharur, el poderoso mazo de batalla de Ninurta, gritó de repente, diciendo—: Oh mi maestro, oh Señor Ninurta, oh Ninurta, héroe que es el más poderoso de todos y al que nadie puede resistir, te digo que el Asag ha salido y está causando estragos en la tierra. El Asag es un guerrero, una criatura caída que no tiene padre y que creció y se alimentó a pesar de no haber amamantado nunca el pecho. Es arrogante y ambicioso, y viene a desafiar a todos.

—El Asag vive en las montañas, y sus descendientes son muchos. Incluso las plantas lo cuentan como rey entre ellas. Ha llamado a las piedras a él. Ha llamado al esmeril y a la diorita, al pedernal y al alabastro, y a muchos más, y ha hecho un ejército con ellas, y con ese ejército, asalta ciudades cercanas y lejanas. Incluso los dioses de esas ciudades se inclinan ante su poderío, y ahora, el Asag se sienta en majestad y se enfrenta a la justicia, usurpando el lugar de los dioses. La gente vive aterrorizada por el Asag, e incluso las montañas le hacen ofrendas.

—¡Escucha mis palabras, oh poderoso! Escucha lo que tengo que decir, porque te traigo las súplicas del pueblo. Te piden que vengas a ellos y los liberes del Asag, porque nadie puede oponerse a ello excepto tú, ¡oh, hijo de Enlil! Sé rápido en tu decisión, porque día a día tu poder entre el pueblo disminuye. Dicen que, si no les ayudas, entonces ya no serás rey sobre ellos, y el Asag en su arrogancia cree que puede tomar tu lugar. Día a día se mueve en nuevos lugares y los conquista. ¡Pronto, toda la Tierra será su esclava si no actúas!

—Pero tú eres el toro furioso, eres el antílope veloz, y seguramente conquistarás al Asag. Conquistarás al Asag aunque sus ejércitos sean demasiado numerosos para ser contados, aunque ningún héroe haya sido capaz de derrotar al Asag, aunque ningún arma haya sido capaz de herirlo. ¿Qué dices, oh poderoso? ¿Qué dices de la insolencia del Asag, de su conquista de ciudades que pertenecen por derecho a los dioses?

Ninurta escuchó las palabras del Sharur, y se levantó de su asiento, gritando— ¡Ay!—lloró con una voz tan grande que la Tierra tembló y los cielos se estremecieron. Enlil y los otros dioses también fueron sacudidos y dejaron el E-kur. Las montañas cayeron ante el grito de Ninurta, y la Tierra se oscureció. Ninurta se enfureció en su ira contra el Asag, y los Annunaki huyeron ante su ira. Entonces Ninurta tomó su maza y su lanza y se preparó para la batalla. Malos vientos convocó en su ayuda, vientos que trajeron una lluvia de carbones calientes que consumieron todo lo que tocaron, vientos que derribaron todos los árboles a su paso, vientos que hicieron olas sobre el Tigris y agitaron sus sedimentos para que sus aguas se enturbiaran.

Ninurta fue al muelle a tomar un barco en su camino para encontrarse con el Asag. En la orilla del río, toda la gente se acobardó ante la furia de Ninurta. Huyeron, cegados por el miedo. Los pájaros trataron de huir, pero los vientos de Ninurta hicieron inútiles sus alas. Los peces trataron de huir, pero las tormentas de Ninurta los arrojaron a la orilla, donde yacían jadeando y ahogándose en el aire. El ganado y las ovejas trataron de huir, pero el fuego de la ira de Ninurta los asó donde estaban. Ni siquiera las montañas pudieron soportar la ira de Ninurta, ya que las aguas subieron por sus orillas y arrastraron todo a su paso.

Entrando a zancadas en las tierras del Asag, Ninurta arrasó sus ciudades; hizo cautivos a sus pueblos. Mató a los mensajeros del Asag; provocó una inundación de veneno que recorrió la tierra, matando todo lo que tocaba. La furia de Ninurta se apoderó de la tierra, y nadie pudo soportar su ataque.

Regocijándose en la batalla, Ninurta se volvió hacia el Sharur y le sonrió. El Sharur se alejó volando solo, bajando las montañas para Ninurta, tomando prisioneros para él, y volando alto sobre la tierra para ver lo que podría ser visto. Aquellos que lo vieron volar le darían noticias para llevar a su amo, noticias sobre el Asag y sus ejércitos. Cuando todas las noticias se habían reunido, el Sharur volvió a Ninurta y le dijo—: Oh poderoso Ninurta, cuya fuerza nadie podría resistir, has conquistado los lugares rebeldes, y ya has matado a muchos de los guerreros del Asag. ¡Pero no vayas todavía a las montañas para encontrarte con el Asag! En verdad estás bien hecho y naciste bien, en verdad eres el más hermoso, en verdad eres la más grande en fuerza y todos tiemblan ante ti, ¡pero no te encuentres con el Asag todavía! ¡No lleves a tu ejército a las montañas! ¡El tiempo no ha madurado aún, y no saldrás victorioso!

Ninurta escuchó las sabias palabras de Sharur, pero no hizo caso. En su lugar, reunió a sus ejércitos y los llevó a las montañas. El Asag vio que se acercaba de Ninurta y se armó para la batalla.

Derribó el propio cielo y lo convirtió en un garrote. El Asag se deslizó por el suelo como una serpiente, deslizándose como un perro rabioso. El Asag cayó sobre Ninurta, aullando su rabia con una voz que se escuchó en todos los rincones de la Tierra, y nadie pudo soportar el paso de esa bestia caída por toda la tierra. Las aguas se secaron en sus cursos, y los árboles cayeron al suelo. Los juncos se incendiaron en la orilla del río, y el cuerpo del Asag talló grandes surcos en el suelo, dejando a la Tierra desbordante de heridas. Toda la gente huyó ante el Asag cuando el cielo se volvió rojo como la sangre y las cosechas se pudrieron en los campos. El mismo Enlil huyó y se escondió del Asag, y todos los Annunaki temblaron y suspiraron de miedo.

Enlil gritó— ¿Quién está ahí para protegernos ahora que Ninurta se ha ido a la guerra? ¿Quién nos mantendrá a salvo mientras el gran héroe se ha ido?

[*La siguiente sección es fragmentada, pero aparentemente, el Sharur va a hablar con Enlil sobre el Asag. Enlil hace una declaración animando a Ninurta a luchar ferozmente, y el Sharur regresa a Ninurta con su informe.*]

El Sharur regresa a su amo y dice—: Oh mi amo, Enlil ha hablado, y esto es lo que dice: "¡Adelante, oh poderoso Diluvio! Sal y toma el Asag. Agárralo por el hombro, empálalo con tu lanza. Llévalo cautivo y arrástralo hasta aquí, hasta el E-kur. Haz esto, y nunca te faltarán las alabanzas de todos los pueblos".

—¡Adelante, oh mi amo!—dijo el Sharur—. Sal y ataca al Asag, porque se ha construido una muralla. Se ha construido una fortaleza que no puede ser violada, y su deseo de destrucción nunca disminuye.

Ninurta se animó con las palabras del Sharur y de Enlil. Ninurta lanzó su grito de batalla, y el día se oscureció como si fuera de noche. El Sharur voló a los cielos, levantando un gran viento que dispersó a la gente como hojas secas. La gran maza fue a las montañas y las prendió fuego. Atravesó las filas del enemigo y aplastó sus cráneos. La poderosa lanza de Ninurta voló por el aire, y dondequiera que aterrizara, abrió una grieta en la tierra. Las grietas se llenaron de sangre, y los perros callejeros la lamieron. Las armas de Ninurta causaron una gran destrucción por toda la tierra, y el Asag lo vio, pero no se quedó consternado.

El Sharur regresó a Ninurta y dijo— ¡Todo lo que hacemos es en vano! Mi señor, no traigas la batalla al Asag, porque él es el hedor asqueroso de una herida supurante y el pus que fluye de ella. No importa lo que le ordenes hacer, no obedecerá. Dondequiera que vaya, la tierra está desolada y estéril, y nadie puede capturarlo o soportar su acercamiento. El Asag ha secado todas las aguas y sopla por las tierras como un torbellino. La gente se acobarda en sus casas, porque nadie puede oponerse al Asag.

Pero Ninurta no se mantuvo al margen. Se enfrentó a las montañas y lanzó un grito de batalla, un grito de todo un ejército llamando a la muerte. Ninurta recorrió el país, dando muerte a todos sus enemigos. El gran héroe se enfureció, y desde su posición en la montaña, el Asag vio la furia del héroe Ninurta. Muy pronto, Ninurta se abrió paso a través de la montaña del Asag, y el Asag se acobardó ante la furia del gran héroe que se acercaba. El Asag se dispersó como gotas de agua; fue desarraigado como la mala hierba de un campo. Ninurta voló hacia el Asag, y en su furia, aplastó al Asag como una piedra de molino aplasta el grano. Y no fue hasta que la asquerosa criatura yacía muerta a los pies de Ninurta que la rabia de Ninurta comenzó a disminuir.

El sol finalmente se puso al final de ese terrible día. Ninurta fue al río y lavó sus armas en el agua corriente. Lavó la sangre de su ropa y armadura, y lavó la sangre de su propio cuerpo. Y cuando todo había sido limpiado, se paró a horcajadas sobre el cuerpo del Asag y cantó una canción de victoria.

En la calma que siguió a la batalla, los Annunaki llegaron a donde Ninurta estaba sobre el cuerpo del Asag. Los dioses vieron el cuerpo roto de ese enorme monstruo y se maravillaron de la fuerza de Ninurta. Se postraron a los pies del héroe y le alabaron por sus actos. El Sharur también alabó a Ninurta, diciendo—: ¡Nadie puede compararse a ti, oh Ninurta! ¡Nadie puede igualar tu fuerza o tu valor! ¡Mira cómo los dioses se postran a tus pies!

Ninurta se dirigió a los dioses reunidos—. Desde este día en adelante, el nombre de esta criatura no será Asag. En su lugar, la llamaremos Piedra, y sus entrañas se convertirán en el inframundo.

Entonces Ninurta descansó de sus labores. Dejó a un lado su garrote, y descansó de sus batallas.

Fue en ese momento que la tierra comenzó a secarse. Los arroyos y pozos se secaron. El Tigris se marchitó, y sus aguas no llegaron al mar. Los trabajadores salieron con palas y azadones, salieron a cavar canales para llevar agua a los campos, pero no había agua. Los cultivos se marchitaron en los campos, y los agricultores no tenían nada que llevar al mercado. La hambruna se asentó en la tierra. Nadie tenía fuerzas para cultivar los campos, y el grano se esparció por el suelo.

Ninurta miró a la gente en su sequía y hambruna y se apiadó de ellos. Fue a las montañas e hizo un gran montón de piedras y puso en él una compuerta. Reunió las aguas de las montañas y las dejó fluir a través de la esclusa hacia el Tigris. Las aguas se inundaron en el lecho del río y luego subieron por las orillas y en los campos. Pronto en todas partes había suficiente agua, y la cebada creció pesada con el grano en los campos, y los árboles en los huertos crecieron pesados con la fruta. La gente se regocijó con esto. Intercambiaron sus cosechas con pueblos de otras naciones, y dieron un gran agradecimiento a Ninurta y a su padre.

En ese momento, la diosa Ninmah vio lo que su hijo Ninurta había hecho en las montañas, y se entristeció porque las montañas ya no eran un lugar al que pudiera ir. Así que Ninmah hizo una canción de lamento y fue a Ninurta y la cantó. Ninmah cantó—: Canto "ay" por las montañas, porque se han inclinado ante el poderío de Ninurta. Canto "ay" por las montañas, porque no pudieron soportar su fuerza, la fuerza del poderoso héroe que llevé para el dios Enlil. El hijo de Enlil no me mirará a mí, pero yo iré a él y lo miraré. Iré a él con mi lamento, y él verá mis lágrimas.

Ninurta escuchó el lamento de Ninmah, y le dijo—: Señora Ninmah, bien recuerdo que cuando me metí en los peligros de la batalla, tú siempre estuviste ahí conmigo. He aquí, que he hecho un montón de piedras aquí, y que esto se convierta en una nueva montaña, y tú serás Ninhursag, que es "Señora de la Montaña". Y decreto que tu montaña se vuelva fecunda y un lugar de gran alegría. Producirá hierbas y pastos y fragantes cedros. Dará a luz árboles frutales llenos de fruta. En su corazón habrá oro y plata y toda clase de gemas. A sus lados, las bestias salvajes y los pájaros se multiplicarán. Y no tendrás rival allí en esa montaña, ni siquiera el dios An se acercará a tu esplendor de reina. Este es mi regalo para ti, oh gran señora. ¡Alégrate y exáltate!

Cuando Ninurta terminó de decretar el destino de las montañas, la señora Aruru, la hermana mayor de Enlil, se acercó a él y le dijo—: Mi señor, tú eres el mayor héroe de todos. Has decretado el destino de las montañas, pero ¿qué pasa con el destino de los que mataste en tu batalla con el Asag?

Y así, Ninurta se dirigió al destino de los guerreros de piedra que se habían puesto del lado del Asag. A la piedra de esmeril, el pedernal y otros que se habían vuelto contra él, Ninurta les impuso castigos. A las piedras de alabastro, diorita, hematita y otras que habían luchado en el bando de Ninurta, les dio grandes honores.

Cuando todos los destinos de las piedras fueron asignados, Ninurta se abrió camino desde las montañas y a través del desierto. Cada vez que se encontraba con un pueblo o una ciudad, la gente se reunía para regocijarse por él y cantar sus alabanzas. Siguió caminando hasta que llegó al río donde estaba amarrada su propia barcaza, y allí los barqueros se inclinaron ante él y cantaron una canción alabándole por sus acciones—. ¿Quién es como Ninurta? ¿Quién tiene su fuerza o su habilidad? ¡Ningún enemigo puede enfrentarse a él! ¡Alabado sea el hijo de Enlil!

Entonces Enlil miró a Ninurta y le dio una bendición—. ¡Oh Ninurta, grande es tu valor y tu fuerza! Fue sabio enviarte a encontrarte con el Asag, ya que ningún otro podría haberlo derrotado. Todas las ciudades de tu enemigo han sido reducidas a ruinas, y sus gobernantes cautivos. Como recompensa, recibirás una maza celestial y el poder de gobernar sobre todo, y además la vida eterna.

Y así fue como Ninurta mató al Asag, recogió un montón de piedras, y trajo las aguas a los campos para que produjeran grano y fruta en sus estaciones. Tan bien había curado Ninurta la tierra que se cosecharon grandes montones de grano y se colocaron en los graneros. Ninurta entregó el grano y los graneros al cuidado de la señora Nisaba, la que hace crecer las cosas verdes en la tierra.

El viaje de Nanna a Nippur

Un subgénero del mito sumerio es el del viaje de un dios a la ciudad sumeria de Nippur, el principal centro de culto del dios Enlil, que estaba a la cabeza del panteón sumerio. Tales mitos de viaje existen para los dioses Enki y Ninurta, además del mito sobre Nanna que se presenta aquí. En esta historia, el dios de la luna Nanna (también conocido como Nanna-Suen, Suen o Sin) determina que debe dejar su ciudad natal de Ur, donde se encontraba su principal centro de culto, para ir a Nippur a visitar a su madre, la diosa Ninlil, y a su padre, el dios Enlil. Por lo tanto, Nanna hace que se construya una barcaza y la llena de todo tipo de bienes para llevar a casa como regalos.

El avance de la barcaza a lo largo del río desde Ur hasta Nippur tiene un aspecto ritual en el que en cada ciudad a lo largo del camino, la diosa local sale a saludar a Nanna y a hacer ofrendas y conceder buenos deseos, pero la barcaza le dice a cada uno que no puede detenerse ya que se dirige a Nippur. El asiriólogo Jeremy Black señala que la lista de ciudades desviadas probablemente refleja los lugares reales que uno podría haber esperado encontrar a lo largo de un viaje por el río entre Ur y Nippur en la antigüedad. Además, Black señala que el mito del viaje de Nanna refuerza la función de Nanna como un dios tanto de la fertilidad como de la agricultura, especialmente al causar un aumento de sus rebaños y manadas para poder regalar las crías producidas por sus animales.

Llegó un momento en el que el dios Nanna decidió hacer un viaje a Nippur. Nippur era la ciudad de su padre, Enlil, y de su madre, Ninlil–. Viajaré a Nippur–dijo Nanna–porque tengo la intención de visitar a mi madre y a mi padre. Tengo en mente visitar la encantadora ciudad de Nippur y su hermoso santuario. Tengo en mente visitar la fuerte ciudad de Nippur donde crecen las palmeras, donde las palmeras crecieron incluso antes de que existiera Dilmún. Tengo en mente visitar la ciudad de mi madre que siempre se viste con las mejores prendas de lino.

Era un largo viaje por el río desde la ciudad de Nanna, Ur, hasta Nippur, y por eso Nanna necesitaría una barcaza, ya que deseaba llevar muchos buenos regalos a su madre y a su padre. Nanna encargó de todas partes los materiales para hacer su barcaza. Las cañas venían de Tummal, y la brea del Apsu. Ciprés y cedro, pino y enebro vinieron de los bosques y las montañas. Cuando todas las cosas necesarias fueron ensambladas, los trabajadores comenzaron a construir la barcaza.

Mientras se construía la barcaza, Nanna reunió todos los regalos que quería llevar a sus padres. Nanna escogió finos toros y ovejas de sus rebaños. Recogió tortugas, pájaros y peces. Nanna llenó muchas cestas con huevos frescos para llevar a la casa de Enlil en Nippur.

Nanna soltó los carneros de su rebaño de ovejas, y seiscientas de sus ovejas dejaron finos corderos como regalo para Enlil. Nanna soltó las cabras macho entre su rebaño de cabras, y seiscientas cabras hembra dejaron finos cabritos como regalo para Enlil. Nanna hizo lo mismo con sus rebaños de ganado, dejando los toros sueltos entre las vacas, y seiscientas vacas dieron a luz a finos terneros para ser tomados como regalos para Enlil.

Cuando la barcaza estaba sólida y robusta, y cuando todo estaba cargado con los regalos de Nanna para Enlil y Ninlil, se puso en marcha a lo largo del río. La barcaza partió de Ur y navegó por el río hacia Enegir. Cuando la barcaza se acercó a Enegir, la diosa Ningirida salió de su casa y presentó una ofrenda de harina. Trajo consigo una gran cuba de aceite y gritó—: ¡Déjame ungirte con este fino aceite! ¡Que tengas vino y todo lo bueno en abundancia!

Pero la barcaza no se detuvo en Enegir. Pasó navegando, gritando—: ¡No puedo parar! ¡Estoy destinado a Nippur!

La barcaza partió de Enegir y navegó a lo largo del río hasta Larsa. Cuando la barcaza se acercó a Larsa, la diosa Sherida salió de su casa y puso una ofrenda de harina. Trajo consigo una gran cuba de aceite y gritó—: ¡Déjame ungirte con este fino aceite! ¡Que tengas vino y todas las cosas buenas en abundancia!

Pero la barcaza no se detuvo en Larsa. Pasó navegando, gritando—: ¡No puedo parar! ¡Estoy destinado a Nippur!

La barcaza partió de Larsa y navegó a lo largo del río hasta Uruk. Cuando la barcaza se acercó a Uruk, la diosa Inanna salió de su casa y puso una ofrenda de harina. Trajo consigo una gran cuba de aceite y gritó—: ¡Déjame ungirte con este fino aceite! ¡Que tengas vino y todo lo bueno en abundancia!

Pero la barcaza no se detuvo en Uruk. Pasó navegando, gritando—: ¡No puedo parar! ¡Estoy destinado a Nippur!

La barcaza partió de Uruk y navegó por el río hasta Shuruppag. Cuando la barcaza se acercó a Shuruppag, la diosa Ninunuga salió de su casa y presentó una ofrenda de harina y salvado. Trajo consigo una gran cuba de aceite y gritó—: ¡Déjame ungirte con este fino aceite! ¡Que tengas vino y todo lo bueno en abundancia!

Pero la barcaza no se detuvo en Shuruppag. Pasó navegando, gritando—: ¡No puedo parar! ¡Estoy destinado a Nippur!

La barcaza partió de Shuruppag y navegó a lo largo del río hasta Tummal. Cuando la barcaza se acercó a Tummal, la diosa Ninlil salió de su casa y puso una ofrenda de harina y salvado. Trajo consigo una gran cuba de aceite y gritó—: ¡Déjame ungirte con este fino aceite! ¡Que tengas vino y todo lo bueno en abundancia!

Pero la barcaza no se detuvo en Tummal. Pasó navegando, gritando—: ¡No puedo parar! ¡Estoy destinado a Nippur!

Por fin, la barcaza partió de Tummal y navegó hasta Nippur. Nanna navegó la barcaza hasta el muelle que pertenecía a Enlil, y allí atracó. Nanna llamó al portero que guardaba las puertas de Enlil— ¡Oh Kalkal! ¡Oh, portero de la casa de mi padre! ¡Ábreme la puerta! ¡Abre las puertas de la casa de mi padre!

—He aquí yo, Nanna, he venido con una barcaza cargada de muchos regalos. Tengo toros, ovejas y cabras. Tengo tortugas y pequeños pájaros. Tengo peces y huevos. ¡Ábreme la puerta!

—Yo, Nanna, en mi viaje he traído los corderos que dejaron caer las ovejas de mi rebaño y los cabritos que dejaron caer las cabras de mi rebaño y los terneros que dejaron caer las vacas de mi rebaño. Todo esto lo regalé mientras navegaba por el Canal Surungal, y mi barcaza está llena de regalos para ser entregados a Enlil y Ninlil. ¡Abre la puerta, Kalkal! ¡Abre la puerta de la casa de mi padre!

Kalkal oyó el grito de Nanna, hijo de Enlil, y con gran alegría le abrió las puertas. Y allí, en la casa de Enlil, Nanna le dio sus regalos a su poderoso padre, y con gran alegría Enlil los recibió.

—¡Bienvenido, hijo mío!—gritó Enlil—. ¡Bienvenido de nuevo a mi casa! ¡Comamos juntos! ¡Comamos juntos de pasteles dulces y de pan y cerveza!—Enlil llamó a sus sirvientes y les ordenó que trajeran pasteles para que Nanna los comiera. Ordenó a sus sirvientes que recogieran pan y cerveza del E-kur para dárselos a Nanna para que los comiera.

Nanna se comió toda la buena comida que Enlil le puso delante y se bebió toda la buena bebida, y dijo—: Oh padre mío, oh poderoso Enlil, de verdad estoy contento con esta buena comida y esta buena bebida. ¡En verdad eres el dios que lo da todo en abundancia!

—Ahora es el momento de volver a casa en Ur, pero primero te pido que llenes mis ríos con buenos peces. Te pido que llenes mis campos con cebada pesada en el oído. Dame cañas a lo largo de los ríos y ovejas salvajes en las colinas. Dame buenos árboles en el bosque y fruta para el jarabe y el vino en los huertos. Y dame una larga vida, porque es hora de que regrese a casa en Ur.

Todo lo que Nanna pidió, Enlil se lo dio. Llenó los ríos con buenos peces y los campos con cebada pesada en el oído. Enlil le dio a Nanna cañas a lo largo de los ríos y ovejas salvajes en las colinas. Enlil le dio a Nanna buenos árboles en el bosque y fruta para el jarabe y el vino en los huertos, y al propio Nanna le dio una larga vida.

¡Alabado sea Enlil donde se sienta en su trono, y a Ninlil, madre de Nanna!

Inanna y Ebih

Las deidades masculinas como Ninurta no son las únicas que salen a luchar contra criaturas monstruosas en las montañas. En esta historia, la diosa Inanna se une a la guerra para vengarse de Ebih, una montaña que se niega a inclinarse ante ella en adoración. Vemos aquí al más violento de los dos bandos de Inanna, que además de ser la diosa del amor y la procreación era la diosa de la guerra, a la que a menudo se hace referencia como "el juego de Inanna" en los textos sumerios.

Inanna era una de las diosas más poderosas del panteón sumerio, con el título de "Reina del Cielo". Más tarde se identificó con la diosa acadia/babilonia Ishtar. Un mito que explica el origen del poderío de Inanna dice que robó algo del yo de Enki, una palabra sumeria que denota poder o autoridad, después de que Enki bebiera demasiado en un banquete. Inanna navega con el yo de vuelta a su ciudad de Uruk, evitando los intentos de Enki y sus demonios de recuperar los poderes robados.

El mito de Inanna y Ebih relatado a continuación, que muestra a Inanna ejerciendo sus poderes de venganza y destrucción, nombra varios lugares que Inanna visita en sus andanzas, específicamente Elam, Subir, y las montañas Lulubi. Elam era una región de la costa nororiental del golfo Pérsico, en lo que hoy es Irán, mientras que Subir estaba muy al norte de Sumeria, en la Alta Mesopotamia. Las montañas Lulubi son una zona dentro de la cordillera de Zagros, en una porción que ahora se encuentra en la frontera entre Iraq e Irán. En su relato de este mito, la autora Betty De Shong Meador señala que el monte Ebih "ha sido identificado como el moderno Jebel Hamrin", una cadena montañosa que se extiende a lo largo del lado occidental de las montañas Zagros.

Este mito también tiene especial importancia como parte de la primera pieza de literatura escrita de la que tenemos el nombre del autor, ya que forma parte de una obra más larga llamada "La Exaltación de Inanna" de una mujer llamada Enheduanna. Enheduanna era la hija de Sargón de Acadia, fundador del Imperio acadiano, y fue alta sacerdotisa de Inanna y Nanna en la ciudad sumeria de Ur en el siglo XXIII a. C. "La Exaltación de Inanna" funciona como una alabanza a la diosa y como una obra semi-autobiográfica, ya que hace referencia a la expulsión de Enheduanna de Ur por su hermano, Rimush, y su reincorporación al templo de allí.

Grande era la diosa Inanna, hija de Nanna el dios de la luna, y grande su poder. Temible en batalla era ella, vestida con armadura, arrasando ejércitos con sus armas y la fuerza de su brazo. Su fuerza era la del toro salvaje, y su fiereza en la batalla la del león, su gloria era la del sol que brillaba sobre la tierra, y toda la gente se inclinaba ante ella con temor y alabanza.

Un día, Inanna salió a las montañas. Fue a Elam y a Subir. Fue a las montañas Lulubi. Fue a las montañas Lulubi, y allí, en medio de ellas, estaba el pico más grande, que se llamaba Ebih. Al pasar Inanna, todas las montañas se inclinaron ante ella e hicieron su honor, pero Ebih no se inclinó. Ebih no se inclinó hasta el suelo ante ella; Ebih no besó el polvo a sus pies. Esto enfureció a Inanna, y juró que se vengaría de Ebih por su falta de respeto.

—¡En verdad haré que Ebih conozca mi ira! ¡En verdad haré que sepa cómo me ha perjudicado! Ebih no se inclinó ante mí, y Ebih no besó el polvo a mis pies. Traeré la batalla a las montañas. Traeré mi ariete, mi arco y mi aljaba de flechas. Traeré mi lanza y mi escudo. Traeré fuego a los bosques de las montañas y un hacha a los troncos de sus árboles. Todas las montañas se acobardarán ante mi furia, y nunca más Ebih levantará la cabeza con orgullo.

Y así, Inanna, hija de Nanna, se puso sus ropas de batalla y su radiante corona cuyo brillo era el terror de todos los que la contemplaban. Tomó su arma de siete cabezas y se puso sus sandalias de lapislázuli. Cuando se puso el sol, fue a la Puerta de las Maravillas vestida con toda su ropa de batalla. Allí hizo una ofrenda a An y le rezó.

An vio a Inanna y vio que estaba preparada para la batalla. Él escuchó su plegaria y le sonrió. An se sentó en su trono divino y luego Inanna salió a hablarle—. ¡Oh, padre mío, saludos! Me has dado muchos regalos, y así es como nadie puede rivalizar conmigo en el cielo o en la tierra. ¡Soy terrible de ver, y nadie puede superarme en la batalla! ¡Soy espada y flecha, lanza y escudo! Los reyes me invocan y yo respondo, y con mi ayuda, matan a sus enemigos, y así traigo gloria al nombre de An.

—Hoy salí a las montañas, y la montaña Ebih no me honró. El monte Ebih no me temía. No se inclinó ante mí ni besó el polvo a mis pies. Y así es como vengo ante ti, oh Padre An, para decir que iré a las montañas y les daré batalla. Usaré mi ariete, mi arco y mis flechas. Usaré mi lanza y mi escudo. Traeré fuego a las montañas y un hacha a los troncos de sus árboles. Todas las montañas se acobardarán ante mi furia, y nunca más Ebih levantará la cabeza con orgullo.

—Déjame ir en formación de batalla. Déjame bajar la montaña que me negó el honor que me corresponde. Déjenme vencerla y enseñarle a respetar a la diosa Inanna.

An escuchó las palabras de Inanna y dijo—: Así que quieres destruir esta montaña. Muy bien, ¿pero sabes qué tarea te espera? ¿Qué sabes realmente de esta montaña? Déjame decirte qué tarea te espera, esta tarea contra una montaña que incluso los Annunaki tienen motivos para temer. Los bosques de esta montaña son espesos, y sus huertos llenos de fruta. Bajo los árboles viven los leones, en sus flancos los carneros salvajes, y los ciervos corren por sus praderas, donde pastan las manadas de toros salvajes. Esta montaña es muy temible, y no serás capaz de vencerla.

La dama Inanna no hizo caso de las palabras de An. Se alejó de él y abrió la gran puerta de la Casa de los Dioses. Atravesó la puerta con su traje de batalla, sus armas en las manos, y su ira fue terrible de contemplar. Su ira fue como un gran diluvio, y llamó a un torbellino para que se enfureciera junto a ella.

Inanna fue a las montañas y trajo la batalla a Ebih. La montaña luchó ferozmente, pero Inanna no dio cuartel. Agarró el cuello de Ebih y rugió como un león mientras apuñalaba sus vitales con su daga.

El cuerpo de Ebih se partió y se desmoronó. Las piedras del cuerpo de Ebih se quebraron y rodaron por sus flancos. Las serpientes que vivían en sus cuevas y grietas escupieron veneno.

Inanna maldijo los bosques de la montaña y trajo una gran sequía sobre ellos. Prendió fuego a los bosques, y el humo de sus quemas borró el sol. Y así fue como Inanna demostró que solo ella tenía el poder y que solo ella tenía el honor y la alabanza.

Entonces Inanna habló a la montaña que había conquistado, diciendo—Oh, montaña de Ebih, te creías divina por tu altura. Te creías divina por tu belleza. Te creías divina porque tu pico rozaba los cielos, pero no sabías cuál era tu lugar. No te inclinaste ante mí y besaste el polvo a mis pies. Y así es como te he vencido y me he llevado toda tu belleza y tu fuerza.

—Te he vencido como lo haría con un toro salvaje. Te he conquistado como lo haría con un elefante. Ahora tus ojos no pueden hacer nada más que llorar, y tu corazón no puede hacer nada más que llorar, y los pájaros que anidan en lo que queda de ti solo cantarán canciones de dolor.

—Te traje el terror que fue el regalo de Enlil para mí. Te he traído la batalla con las armas que fueron el regalo de Enlil, y con mi fuerza y mis armas, he derribado la montaña. He construido un palacio para mí, y he dado objetos rituales a los que llevan a cabo los cultos de los dioses.

—Soy yo quien ha conquistado la montaña. Como una inundación, la he lavado. Como un viento furioso, la derribé. Soy la vencedora de Ebih.

¡Alabada sea Inanna, hija de Nanna!
¡Alabado sea Nisaba!

Dumuzi y Enkimdu

En este mito, el dios del sol Utu desea que su hermana, la diosa Inanna, se case con el dios de los pastores, Dumuzi. La propia Inanna prefiere a Enkimdu, el dios de los granjeros. (Enkimdu el granjero es un personaje distinto del amigo de Gilgamesh, Enkidu.) Dumuzi se siente insultado por la preferencia de Inanna; quiere ser el marido de Inanna. Lo que sigue es una especie de concurso entre Dumuzi y Enkimdu por la mano de Inanna, en el que cada dios declara lo que puede aportar al matrimonio.

Muchos estudiosos han señalado los paralelismos entre el mito de Dumuzi y Enkimdu y la historia bíblica de Caín y Abel, ya que ambas historias implican una disputa entre un pastor por un lado y un agricultor por el otro, lo que encapsula los antiguos conflictos entre los pueblos pastores y agrícolas. Sin embargo, a diferencia de la historia bíblica, el mito sumerio de Dumuzi y Enkimdu termina con los dos dioses haciéndose amigos y acordando intercambiar los productos de sus labores entre sí. Inanna finalmente acepta casarse con Dumuzi, pero eso no se muestra en esta historia.

Hubo un tiempo en que el dios del sol Utu fue a su hermana Inanna y le dijo—: Oh, hermana mía, es hora de que te cases. Es hora de que elijas un marido. Creo que deberías casarte con el dios de los pastores, Dumuzi. Tiene muchas ovejas buenas, y sus ovejas dejan corderos sanos en su estación. La leche de sus cabras es la mejor de la tierra, y la mantequilla y el queso de sus ovejas no tienen rival. Sería el mejor marido para ti.

—¡No me casaré con un pastor!—gritó Inanna—. No me casaré con un pastor ni llevaré ropa de lana. No me casaré con un pastor, ¡no! Un granjero será mi marido. Un granjero que cultiva grano que se agita con el viento y se inclina cuando está pesado en la espiga. Un granjero que cultiva buen lino para el lino fino. ¡Me casaré con él!

Dumuzi escuchó las palabras de Inanna y le dijo—: ¿Por qué? ¿Por qué prefieres al granjero a mí? ¿Qué tiene el granjero Enkimdu que me falta? Puede que tenga una buena túnica negra, pero puede cambiármela por una oveja negra. Puede que tenga una buena túnica blanca, pero puede cambiármela por una oveja blanca. Puede fabricar buena cerveza, pero puede cambiármela por un poco de leche de cabra. Pan que puede darme a cambio de leche, y lentejas que puede darme a cambio de queso. Puede venir a cenar conmigo, ¡e incluso le daré más mantequilla y más leche!

Entonces Dumuzi llevó sus ovejas a la orilla del río a pastar, y era feliz allí con su rebaño. Mientras Dumuzi cuidaba sus ovejas, Enkimdu se acercó a él y le dijo—: ¿Por qué te comparas conmigo, oh pastor? ¿Qué razón tenemos para pelear? Tus ovejas pastan felices aquí, junto al río; también las dejaré pastar en los rastrojos después de que mis cultivos hayan sido cosechados. Tus ovejas beben felizmente agua del río; también las dejaré beber del canal que riega mi tierra.

Dumuzi escuchó las palabras de Enkimdu, y luego dijo—: Oh, granjero, déjame contarte como mi amigo. Creo que deberíamos ser amigos, tú y yo.

—Eso está bien—dijo Enkimdu—y compartiré contigo mi cebada y mis lentejas. Y también llevaré cebada y lentejas a la dama Inanna, o lo que ella desee.

El matrimonio de Martu

Martu es el nombre sumerio del dios acadio Amurru. El nombre "Amurru" también se refiere a un pueblo nómada que vivía en las colinas en lugar de los valles de los ríos más urbanizados. Los lectores modernos pueden conocer al pueblo Amurru como "Amorritas", una tribu nómada de habla semítica mencionada en el Antiguo Testamento que se originó en lo que hoy es la Siria moderna. Los amorritas no siempre vivieron en paz con los pueblos sumerios y acadios; de vez en cuando, los amorritas hacían incursiones en los asentamientos de las tierras bajas de la Mesopotamia. Los sumerios y acadios que vivían en ciudades consideraban a los amorritas como bárbaros, pero fueron los amorritas los que inundaron y finalmente se apoderaron de grandes partes del sur de Mesopotamia a partir del siglo XXII a. C. y los que finalmente fundaron la primera gran dinastía de la ciudad de Babilonia, que se convirtió en uno de los centros urbanos más importantes del mundo antiguo.

En el mito que se relata a continuación, el dios Martu es miembro de una tribu nómada que se encuentra en las cercanías de una ciudad llamada Inab, donde está a punto de celebrarse un festival en honor al dios Numushda. Martu desea casarse, y cuando gana una competición de lucha libre en honor a Numushda, declara que su premio será nada menos que la propia hija del dios, Adgarkidu. Una de las amigas de Adgarkidu está horrorizada por el combate, ya que a sus ojos Martu es un bárbaro sin escrúpulos que no es digno de casarse con la Adgarkidu que vive en la ciudad, pero Adgarkidu declara— ¡Me casaré con Martu!—Esta historia, por lo tanto, representa la fusión de dos culturas, la de los nómadas amorritas de las colinas y la de los asentamientos agrícolas y urbanos de los valles del Tigris y del Éufrates.

Una vez hubo una buena ciudad llamada Inab. Estaba bien construida y bien equipada, y su gente era próspera. En las tierras que rodeaban a Inab vivían tribus de nómadas. Estos nómadas vivían capturando gacelas con redes, y cada noche, los hombres iban al centro de su campamento para recibir sus raciones. Por la ley de su dios, los hombres solteros recibían una sola ración. Los hombres con esposa pero sin hijos recibían el doble, y los hombres con esposa y un hijo recibían el triple.

Entre estas personas había un hombre llamado Martu, que era valiente, guapo y fuerte. Fue a recibir su ración, pero cada vez recibía una doble porción, aunque no estaba casado. Esto preocupaba a Martu, ya que significaba que recibía más que sus amigos, incluso los que estaban casados, ya que tenían que compartir su doble ración con sus esposas.

Martu fue a su madre y le dijo—: No es justo que yo reciba una doble porción aunque sea soltero. No es justo que reciba más de lo que reciben mis amigos casados. Estoy pensando en tomar una esposa. ¿Qué debo hacer?

La madre de Martu dijo—: Si deseas casarte, elige a la mujer con cuidado. Escoge una mujer a la que puedas amar y apreciar. Toma una mujer que puedas elegir para ti.

Martu decidió seguir el consejo de su madre. Empezó a buscar una mujer para casarse, pero no encontró ninguna entre su propia gente. Pero pronto habría un gran festival en la ciudad de Inab, un festival en honor al dios Numushda. Martu se alegró de ello, ya que podía participar en el festival y buscar una esposa—. Vengan—dijo Martu a sus compañeros—vayamos juntos al festival. Nos divertiremos y honraremos al dios, y tal vez encuentre una esposa.

Y así, Martu y sus amigos fueron a Inab para el festival. Allí vieron al dios Numushda, que estaba allí con su esposa, Namrat, y su hija, Adgarkidu. Las celebraciones fueron muy alegres. Los músicos tocaron con fuerza en los tambores por toda la ciudad, y en el templo de Numushda, los jóvenes se reunieron para competir en las competiciones de lucha en su honor.

Martu fue al templo y entró en la competición porque le encantaba luchar, y deseaba honrar al dios como era correcto y apropiado hacer. En cada combate, Martu era el vencedor. Nadie podía igualarlo en fuerza o habilidad. Todos los hombres que lucharon contra él fueron derrotados. Muchos volvieron a casa heridos, y unos pocos murieron, ya que no pudieron soportar la gran fuerza de Martu.

Numushda observó la competición de lucha, y se maravilló de la fuerza y la habilidad de Martu. Cuando vio que Martu había derrotado a todos los demás luchadores, Numushda se alegró mucho. Fue a ver a Martu y le dijo—: ¡He aquí que me has traído un gran honor este día! Deja que te recompense como te mereces. Te daré mucha plata como recompensa.

Martu se inclinó ante el dios y dijo—: El señor Numushda es muy generoso, pero no deseo la plata.

—¿Qué, entonces?—dijo Numushda—. ¿Aceptarás oro? ¿Joyas? Soy más rico que nadie y compartiré mi riqueza contigo.

—Ni el oro ni las joyas son mi deseo. Deseo casarme con tu hija, Adgarkidu, porque la he visto allí contigo, viendo la competición, y mi corazón se entrega a ella.

—Muy bien—dijo Numushda—pero si te vas a casar con ella, debes pagar un precio de novia digno de la hija de un dios.

—Di tu precio y lo pagaré—dijo Martu.

—Mi precio son los terneros. Muchos terneros, con sus madres para dar leche, y un toro para criar.

—Ese precio puedo pagar—dijo Martu.

—Mi precio también son los corderos. Muchos corderos, con sus madres para dar leche, y un buen carnero para criar.

—Ese precio puedo pagar—dijo Martu.

—Mi precio también son los niños. Muchos niños, con sus madres para dar leche, y una buena cabra para criar.

—Puedo pagar todo tu precio—dijo Martu—y más además.

Martu pagó el precio a Numushda como prometió, y dio muchos regalos de oro y plata a la gente de Inab. También les dio finas prendas de vestir, de muchos colores, y chales para las ancianas.

Los días pasaban, pero aún no se había celebrado la fiesta de bodas. La amiga de Adgarkidu observó los preparativos y vio cómo Martu pagaba el precio de su novia, pero ella no pensó mucho en Martu, a pesar de su generosidad, su fuerza y su buena apariencia. La amiga fue a Adgarkidu y le dijo— ¿Por qué te casas con ese Martu? Él realmente no es digno de ti. ¿No sabes que él y su gente viven a la intemperie, en tiendas de campaña, con solo la piel de las cabras para evitar el viento y la lluvia? Vagan por todas partes en el desierto, como animales. Apuesto a que Martu no sabe ni siquiera cómo honrar a los dioses adecuadamente. Probablemente no conoce ninguna de las oraciones ni ninguno de los rituales. ¡Incluso he oído que la gente como él come su carne cruda! Seguramente no se te ocurrirá casarte con Martu!

Pero Adgarkidu simplemente miró a su amiga y dijo—: ¡Me casaré con Martu!

Parte II: Centos de reyes y héroes

Enmerkar y el Ensuhkeshdanna

Enmerkar fue el legendario primer rey de Uruk, que fue divinizado y objeto de varios mitos. A Enmerkar se le atribuye haber construido la ciudad de Uruk, una de las principales ciudades sumerias antiguas situada entre los ríos Tigris y Éufrates en lo que hoy es el sur de Irak. Enmerkar también se describe como el padre de Lugalbanda, el legendario segundo rey de Uruk y el abuelo de Gilgamesh, un personaje histórico real cuyas hazañas se mitificaron en la antigua Epopeya de Gilgamesh.

Los cuentos sobre Enmerkar a menudo afirman que es el hijo de Utu, el dios del sol, lo que también lo convierte en sobrino de la diosa Inanna, la diosa tutelar de Uruk. En la historia que se relata a continuación, Enmerkar está enfrascado en una rivalidad con Ensuhkeshdanna, el señor de Aratta, una ciudad mítica que se describe en varios cuentos como hermosa y sumamente rica. Aquí Enmerkar y Ensuhkeshdanna están peleando sobre cuál de ellos tiene más derecho a los favores de Inanna. Los dos reyes emprenden su lucha por la supremacía por medio de competencias entre sus principales hechiceros.

Una vez hubo dos ciudades, Uruk y Aratta. Enmerkar, hijo de Utu, era el señor de Uruk, y Ensuhkeshdanna era el señor de Aratta. Un día, Ensuhkeshdanna tuvo en mente comenzar una rivalidad con Enmerkar, así que llamó a su mensajero y le dijo—: Ve a la ciudad de Uruk y lleva este mensaje a Enmerkar. Dile a Enmerkar que se someta a mí porque aunque él pueda disfrutar de los favores de Inanna en un hermoso lecho, yo la disfruto en un lecho aún más espléndido. Y aunque Enmerkar pueda verla mientras duerme por la noche, yo la veo durante el día y hablo con ella. Enmerkar puede tener un buen rebaño de gansos, pero el mío es aún mejor, y si Enmerkar no se somete, tendrá que rogarme para tener gansos de mi rebaño.

El mensajero corrió a Uruk con la rapidez de un halcón en vuelo y se presentó ante Enmerkar para entregar su mensaje—. Mi Señor Enmerkar, Ensuhkeshdanna, señor de Aratta, me ruega que le diga esto: "Enmerkar debe someterse a mí porque aunque él pueda disfrutar de los favores de Inanna en un hermoso lecho, yo la disfruto en un lecho aún más espléndido. Y aunque Enmerkar pueda verla mientras duerme por la noche, yo la veo durante el día y hablo con ella. Enmerkar puede tener un buen rebaño de gansos, pero el mío es aún mejor, y si Enmerkar no se somete, tendrá que rogarme para tener gansos de mi rebaño".

Enmerkar escuchó las palabras del mensajero de Aratta, y dijo—: Lleva este mensaje a tu amo. Dile que mientras él se acueste con Inanna en su hermosa cama, yo me acuesto con ella en su cama tallada con figuras de leones. El mismo Enlil me hizo rey. Cuando era un bebé, el poderoso Ninurta me arrulló en su regazo, y amamanté del pecho de Aruru, hermana de Enlil. Inanna podría visitar Aratta, pero es en Uruk donde se encuentra su hogar. ¿Y qué hay de tus bandadas de gansos? No tienes nada. Todos los gansos que tengas los obtendrás de mí, Enmerkar, rey de Uruk.

El mensajero corrió rápidamente de vuelta a Aratta y entregó el mensaje de Enmerkar a Ensuhkeshdanna. Cuando Ensuhkeshdanna escuchó las palabras de Enmerkar, se sintió abatido—. ¿Qué respuesta debo dar a Enmerkar? Lo puse a prueba, y él me superó con seguridad.

Los consejeros de Ensuhkeshdanna dijeron—: Fuiste tú quien primero envió un mensaje jactancioso a Uruk. No tienes que preocuparte por lo que él hará; tienes que controlarte. Deja de competir con Enmerkar; no conseguirás nada bueno haciendo eso.

Ensuhkeshdanna rechazó las palabras de sus consejeros—. Enmerkar podría arrasar mi ciudad hasta el suelo, y aun así seré una pieza de ladrillo entre los escombros. Nunca me someteré al rey de Uruk.

La noticia del conflicto entre Ensuhkeshdanna y Enmerkar llegó a oídos de un hechicero llamado Urgirinuna, un hombre de Hamazu. Había ido a vivir a Aratta después de que su propia ciudad fuera destruida. Urgirinuna fue al visir de Ensuhkeshdanna y dijo—: He oído lo que pasó entre Ensuhkeshdanna y Enmerkar. Dile a tu señor Ensuhkeshdanna que soy un hechicero y que puedo hacer que Uruk se someta a Aratta. Puedo hacer que Uruk y todos sus territorios se inclinen ante el poderío de Aratta. Enmerkar y la gente de Uruk vendrán aquí, y en lugar de vivir en su propia ciudad, tendrán que trabajar para nosotros.

El visir le dijo a Ensuhkeshdanna lo que el hechicero había dicho—. ¡Esto es excelente!—dijo Ensuhkeshdanna—. Tráeme al hechicero, para que le dé oro y plata para su viaje, y dile que si tiene éxito, no tendrá nada más que la comida más selecta para comer y nada más que el mejor vino para beber el resto de sus días.

El hechicero aceptó el dinero de Ensuhkeshdanna y se dirigió a la ciudad de Uruk. Cuando llegó a Uruk, ciudad de la diosa Nisaba, entró en el corral de las vacas. La vaca tembló cuando vio al hechicero—. ¿Quién bebe tu leche y come tu mantequilla?—dijo el hechicero, que tenía el poder de hablar con los animales.

—Nisaba es quien bebe mi leche y come mi mantequilla. Mi queso adorna la mesa de Nisaba—dijo la vaca.

—Que tu leche entre en tus cuernos—dijo el hechicero—. Que tu leche vaya a tu espalda.

Luego el hechicero fue al corral donde se guardaba la cabra. La cabra tembló cuando vio al hechicero.

—¿Quién bebe tu leche y come tu mantequilla?—dijo el hechicero a la cabra.

—Nisaba es quien bebe mi leche y se come mi mantequilla. Mi queso adorna la mesa de Nisaba—dijo la cabra.

—Que tu leche entre en tus cuernos—dijo el hechicero—. Que tu leche vaya a tu espalda.

Cuando el pastor fue a ordeñar la vaca, se encontró con que no tenía leche en la ubre, y su ternero lloraba de hambre. Cuando el cabrero fue a ordeñar la cabra, encontró que ella tampoco tenía leche, y su cabrito también lloraba. El pastor y el cabrero lloraban desesperados. Cayeron al suelo y rezaron a Utu—. Oh poderosa Utu—dijeron—el hechicero de Aratta vino aquí e hizo que la vaca y la cabra dejaran de dar leche. Los animales no tienen leche para alimentar a sus crías, y nosotros no tenemos leche para dar a la gente. Utu, ¡concédenos tu ayuda!

En esa época, había una mujer sabia llamada Sagburu que vivía en Uruk. Escuchó lo que el hechicero había hecho a la vaca y a la cabra—. Esto no se puede soportar—se dijo a sí misma—. Debo hacer algo con ese malvado hechicero.

Y así Sagburu fue a hablar con Enmerkar—. Sé quién es el que ha hecho que la leche se seque—dijo Sagburu al rey—y le haré pagar por su crimen.

—¿Qué harás?—dijo Enmerkar.

—Tendré una competencia de magia con él—dijo—. Lo derrotaré, y entonces él pagará el precio de sus fechorías.

—Muy bien—dijo Enmerkar—. Tu recompensa será muy grande si tienes éxito. ¡Ve y desafía al hechicero con mi bendición!

Muy pronto, Sagburu encontró al hechicero, que estaba sentado a la sombra de un árbol cerca del río—. ¡Hechicero!—dijo—. He oído lo que le hiciste a la vaca y a la cabra de Nisaba. Seguro pagarás por tus fechorías.

El hechicero se puso de pie y se enfrentó a Sagburu y dijo—: No haré tal cosa. Soy el hechicero más poderoso de la tierra, y no respondo ante nadie, excepto si me derrotan en un concurso de magia.

—¿Y si yo aceptara ese desafío?—dijo Sagburu.

—¿Tú? ¿Aceptar mi desafío? Creo que perderás—dijo el hechicero—. Pero si eliges la derrota, eso es asunto tuyo. Así que esto es lo que propongo: cada uno de nosotros debe tirar los peces que desovan en el río y hacer que surjan animales de ellos. Si mis animales derrotan a los tuyos, entonces yo gano. Si tus animales derrotan a los míos, entonces tú ganas.

—Acepto tu desafío—dijo Sagburu.

La mujer y el hechicero cogieron cada uno un puñado de huevas de pescado y las tiraron al río. El desove del pez del hechicero se transformó en una carpa gigante que saltó fuera del agua. El pez de la mujer se convirtió en un águila que se abalanzó sobre la carpa y la atrapó con sus garras. Entonces el águila voló hacia las montañas con la carpa.

Una vez más, la mujer y el hechicero arrojaron los desoves de los peces al río. El hechicero hizo que su pez se convirtiera en una oveja y su cordero. La mujer hizo que su pez se convirtiera en un lobo. El lobo saltó sobre la oveja y su cordero y los arrastró al desierto.

Una tercera vez arrojaron los desoves de los peces al río. El hechicero hizo que su pez desovara y se convirtiera en una vaca y su ternero. La mujer hizo que su pez se convirtiera en un león. El león saltó sobre la vaca y su cría y los arrastró a los cañaverales.

Una cuarta vez arrojaron los desoves de los peces al río. El hechicero hizo que su pez se convirtiera en una cabra montés y una oveja salvaje. La mujer hizo que su pez se convirtiera en un leopardo. El leopardo saltó sobre la cabra montés y la oveja salvaje y las arrastró a las montañas.

Una quinta vez arrojaron los desoves de los peces al río. El hechicero hizo que su pez desovara y se convirtiera en un niño gacela. La mujer hizo que sus peces se convirtieran en un tigre y un león. El tigre y el león saltaron sobre la gacela y la arrastraron al bosque.

El hechicero vio cómo la mujer sabia lo había derrotado cada vez, y él se acobardó. Sagburu le dijo—: Hechicero, tienes algo de poder, pero ¿qué creías que conseguirías desafiando a una sabia mujer de Uruk? ¿Qué creías que conseguirías desafiando a una sabia mujer de la ciudad de Nisaba, la ciudad amada de Ninlil, cuyo destino está decretado nada menos que por Enlil y An?

—Ten piedad de mí—dijo el hechicero—. No sabía nada de esto cuando llegué a Uruk. Has ganado nuestro concurso; te concedo que eres la maga más poderosa. Por favor, no me hagas daño. Déjame volver a casa, a Aratta, y allí cantaré tus alabanzas a todos los que escuchen.

Sagburu respondió—: Viniste a Uruk y asustaste a los animales. Secaste las ubres de la vaca y la cabra, de modo que ahora no tenemos ni leche ni mantequilla. Te llevaste la leche, y ahora no tenemos queso para adornar nuestras mesas. No hay perdón para esta ofensa en Uruk; la ley lo ordena así. —entonces Sagburu arrojó al hechicero al río y lo mató. Cuando Sagburu estuvo segura de que el hechicero estaba muerto, regresó a su ciudad.

Cuando Ensuhkeshdanna se enteró de lo que le había pasado a su hechicero, envió un mensajero a Enmerkar. El mensajero se presentó ante Enmerkar y dijo—Ensuhkeshdanna, mi amo, me pide que le diga esto: "Seguramente Enmerkar es el favorito de Inanna, y tú eres el primero en todas las tierras. No soy tu igual y nunca te igualaré".

Lugalbanda en la cueva de la montaña

Este cuento es parte de una narración más larga que detalla las acciones del hijo heroico de Enmerkar, Lugalbanda, quien a su vez fue el padre del gran Gilgamesh. El pretexto para esta historia es el deseo de Enmerkar de declarar la guerra a Aratta. Durante la marcha del ejército de Uruk a través de las montañas Zabu (Zagros) en su camino hacia Aratta, Lugalbanda queda paralizado por una enfermedad, y sus amigos toman la desgarradora decisión de dejarlo atrás con la esperanza de que se recupere y se reúna con ellos.

Los compañeros de Lugalbanda le dejan bien provisto de muchos tipos de comida y bebida, así como su hacha y su daga. Los traductores de esta historia del Corpus de Texto Electrónico de la Literatura Sumeria señalan que mientras los amigos de Lugalbanda esperan que se recupere, en realidad están cubriendo sus apuestas y también preparándolo para el entierro, ya que el tipo de artículos que le dejan formaban parte de las tradiciones funerarias sumerias. La historia también muestra la importancia del sol, la luna y el planeta Venus dentro de la religión sumeria, ya que Lugalbanda reza a cada uno de ellos por su sanación una vez que se recupera lo suficiente para poder rezar. Otro punto de la historia es mostrar lo importante y favorecido que es Lugalbanda, ya que además de las tres deidades que lo curan, es visitado por Zangara, el dios de los sueños, y por cuatro deidades principales (An, Enlil, Enki y Ninhursag), que vienen a comer el banquete de ofrendas que él prepara para ellos.

Llegó un momento en que Enmerkar, el rey de Uruk, decidió montar una campaña contra la ciudad de Aratta. Aratta no se sometía a Uruk, así que Enmerkar reunió a su ejército y se preparó para un asalto contra esa fuerte y hermosa ciudad. El número de hombres en el ejército de Enmerkar era tan grande que era como una inundación en número y en fuerza.

Cuando todo estaba listo, Enmerkar lideró su ejército en el camino a Aratta. Enmerkar marchó a la cabeza de su ejército, y su armadura y sus armas brillaron al sol. Tan brillantemente brillaban que todos los que lo vieron no se preguntaron en lo más mínimo si era el hijo de Utu. El ejército de Uruk marchó sobre las colinas y a través de las llanuras. Durante cinco días, marcharon hacia Aratta. El sexto día, se detuvieron a descansar, y el séptimo, comenzaron a marchar hacia las montañas.

Los capitanes del ejército de Enmerkar eran siete guerreros, campeones y héroes, hijos de Urash, la diosa de la tierra, y criados en la misma casa de An. El octavo capitán era el hijo de Enmerkar, Lugalbanda, un hombre fuerte y astuto. Pero mientras el ejército marchaba por las montañas, Lugalbanda cayó gravemente enfermo. Cayó al suelo y no pudo moverse ni hablar, aunque aún respiraba y su corazón seguía latiendo. Los amigos de Enmerkar y Lugalbanda trataron de ayudarlo, pero nada de lo que hacían cambiaba las cosas.

—Deberíamos llevarlo de vuelta a Uruk—dijo un soldado.

—No podemos—dijo Enmerkar—porque es demasiado lejos para ir, y no podemos disponer de nadie.

—Llevémoslo de vuelta a Kulaba entonces—dijo otro.

—No podemos—dijo Enmerkar—porque está demasiado lejos para ir, y no podemos disponer de nadie.

Los amigos de Lugalbanda observaron el lugar donde se habían detenido, y descubrieron una pequeña cueva en la ladera de la montaña—. Dejémoslo allí—dijo uno—dejémoslo allí con provisiones y coberturas, y tal vez los dioses le sonrían y lo curen, y se reúna con nosotros cuando esté bien.

Enmerkar estuvo de acuerdo en que este era un buen plan. Los soldados colocaron a Lugalbanda dentro de la cueva y lo envolvieron bien para mantenerlo caliente. Le dejaron un buen número de provisiones, dátiles, higos y queso, pan y mantequilla, vino y cerveza, todo empaquetado en bolsas de cuero. Luego prepararon un poco de incienso en un plato y lo colgaron del techo de la cueva sobre la cabeza de Lugalbanda. Luego colocaron su buena hacha de hierro y su buena daga de hierro a su lado; y durante todos estos preparativos, los ojos de Lugalbanda estaban abiertos. Miraba lo que hacían sus amigos, y las lágrimas corrían por sus mejillas, pero aun así era incapaz de moverse o hablar.

Los amigos de Lugalbanda le dijeron—: Si te recuperas, aquí hay comida y bebida para que te pongas fuerte. Que Utu te ponga bien y te lleve a salvo a tu ciudad de Kulaba. Pero si Utu te llama a la otra vida, nos detendremos aquí cuando terminen nuestros asuntos en Aratta, y llevaremos tu cuerpo a casa para un entierro apropiado.

Entonces los amigos de Enmerkar y Lugalbanda salieron de la cueva, y el ejército siguió adelante sin él, derramando amargas lágrimas todo el tiempo, ya que todos estaban seguros de que nunca más verían al poderoso Lugalbanda con vida.

Durante dos días Lugalbanda permaneció en esa cueva, sin poder moverse ni hablar. En la tarde del tercer día, fue capaz de moverse un poco y hablar un poco, pero todavía estaba muy débil y muy enfermo. Lugalbanda levantó sus manos al cielo y con muchas lágrimas amargas rezó a Utu—. ¡Oh Utu, oh brillante, eres siempre bendito! Te ruego, déjame estar bien de nuevo. Déjame estar bien para poder salir de esta cueva y reunirme con mis amigos. No deseo morir aquí, solo y sin ser atendido por nadie que se preocupe por mí. No deseo que mis compañeros regresen aquí solo para encontrar mi cadáver. ¡Oh Utu, oh brillante, déjame estar bien de nuevo!

Utu escuchó las oraciones de Lugalbanda y le habló con palabras de aliento, pero aun así Lugalbanda estaba débil y enfermo.

Cuando Utu se fue a descansar, Lugalbanda miró al cielo, y allí vio el brillo de Inanna. Lugalbanda le levantó las manos y con muchas lágrimas amargas rezó—. ¡Oh Inanna, oh brillante! Aquí estoy en esta cueva, cuando debería estar con mis amigos. Aquí estoy, solo y sin amigos, cuando debería estar en mi propia y hermosa ciudad. ¡Déjame estar bien de nuevo! ¡Te ruego, oh brillante, no me dejes morir aquí, solo y sin amigos!

Inanna escuchó las oraciones de Lugalbanda. Entró en su cueva y le dio el regalo del sueño reparador y el de la paz en su corazón, y luego regresó a su propia ciudad.

Lugalbanda durmió un rato, y cuando despertó, era una noche profunda. Lugalbanda miró al cielo, y allí vio a Nanna brillando intensamente. Lugalbanda levantó las manos a Nanna y con muchas lágrimas le rezó—. ¡Oh brillante Nanna, oh brillante! ¡Verdaderamente amas la justicia y desprecias el mal! ¡Eres poderoso en la justicia e iracundo contra los que hacen el mal! ¡Déjame estar bien de nuevo, oh brillante Nanna!

Nanna escuchó las oraciones de Lugalbanda y vio sus lágrimas, y le dio el movimiento de sus miembros. Una vez más, Lugalbanda pudo ponerse de pie.

Por la mañana, Lugalbanda vio el brillo de Utu mientras se elevaba sobre el horizonte. La luz del dios del sol se derramó en la cueva de Lugalbanda, y el dios malvado que había golpeado a Lugalbanda se alejó de él. Cuando Lugalbanda se dio cuenta de que estaba bien de nuevo, rezó una oración de agradecimiento a Utu, alabándole mucho.

Lugalbanda salió de la cueva, y allí vio crecer plantas curativas y un arroyo que fluía con agua vital, los regalos de los dioses para él. Lugalbanda comió de las plantas y bebió del agua, y todas sus fuerzas regresaron. Regocijándose por sentirse bien de nuevo, Lugalbanda corrió por las montañas, rápido y seguro. Luego regresó a su cueva y empacó sus armas y las provisiones que sus compañeros habían dejado para él, y se puso en camino para encontrar a Enmerkar y su ejército.

Después de caminar un rato, Lugalbanda decidió detenerse y acampar. Hizo un fuego y horneó buen pan en las brasas. Comió el pan con jarabe de dátiles. Mientras Lugalbanda comía, escuchó el sonido de una gran bestia rasgando la hierba. Miró a su alrededor, y allí vio un enorme toro salvaje, comiendo la hierba y bebiendo de un arroyo cercano. Lugalbanda tendió una emboscada al toro. Lo agarró por los cuernos y lo sometió, luego lo ató en un lugar cerca de su campamento. A continuación, una manada de cabras pasó cerca del campamento de Lugalbanda. Lugalbanda salió y capturó dos buenas cabras. Las capturó, las sometió y las ató en un lugar cerca de su campamento.

Una vez comido el toro y las cabras capturadas, Lugalbanda se sintió abrumado por el cansancio. Se hizo una cama de hierbas frescas de la montaña. Luego tomó un trago de la buena cerveza que le habían dado sus amigos, y se acostó a dormir.

Mientras Lugalbanda dormía, tuvo un sueño. Zangara, el mismísimo dios de los sueños, se le apareció a Lugalbanda en forma de un gran toro. Zangara le gritó a Lugalbanda, diciendo—: ¿Quién sacrificará el toro salvaje por mí? ¿Quién sacrificará las cabras salvajes por mí? ¿Quién derramará su sangre en sacrificio? El que debe hacer esto es el que empuña el hacha de estaño. El que debe hacer esto es el que empuña la daga de hierro. Que haga una ofrenda a los dioses. Que ofrezca el toro y las cabras a los dioses al amanecer.

Lugalbanda despertó de su sueño, temblando. Se sentó durante un rato, asombrado por la aparición del dios a él. Luego tomó su hacha y su daga e hizo lo que Zangara le ordenó. Sacrificó el toro y las cabras al amanecer, derramando su sangre en un pozo. Lugalbanda preparó las ofrendas en un banquete para los dioses, y he aquí que Enlil, An, Enki, y Ninhursag vinieron a cenar la carne recién asada. Lugalbanda los alimentó bien con la carne asada, con la cerveza y el vino que tenía a mano, y para una libación derramó agua fresca.

Entonces Lugalbanda puso altares a Nanna y Utu, y los decoró bien con lapislázuli. Para Nanna y Utu, Lugalbanda preparó pasteles frescos.

[*Lo que queda de la historia está fragmentado, y el final de la historia se ha perdido. Las partes que quedan parten de una narración sobre Lugalbanda y se proyectan a lo que el Corpus Electrónico de la Literatura Sumeria dice que es una descripción de los demonios. Estas descripciones emparejan a los demonios (o a quienquiera que se describa) con varios atributos que están conectados con el dios o la diosa correspondiente. Por ejemplo, una línea los llama "gacelas de Suen", mientras que otra los llama "paños finos y lisos de Ninlil"].*

Lugalbanda y el pájaro Anzu

Esta historia de las hazañas heroicas de Lugalbanda continúa la narración de la rivalidad entre Uruk y la mítica ciudad de Aratta. También continúa la epopeya de Lugalbanda, explicando cómo se reincorpora al resto del ejército de Enmerkar después de que se recupera de la enfermedad que hizo que sus compañeros lo dejaran atrás en una cueva en las montañas Zabu (Zagros) con la esperanza de que se recuperara.

El Zagros es una cordillera que va de oeste a este a lo largo del borde meridional de Turquía, gira hacia el sureste para correr a lo largo de la frontera entre Iraq e Irán, y luego más al sur a lo largo de la costa oriental del golfo Pérsico. La cordillera de Zagros estaba alejada de las tierras sumerias y era el hogar de pueblos que ocasionalmente eran hostiles a los sumerios; así, en los mitos sumerios, estas montañas están pintadas como un lugar peligroso al que se puede entrar pero que no se puede salir con vida, así como un hogar para criaturas extrañas y fantásticas.

Una de esas criaturas que Lugalbanda encuentra en sus andanzas es el pájaro Anzu. El pájaro Anzu o, más simplemente, "Anzu", es una criatura formidable que aparece en muchos cuentos sumerios y mesopotámicos, teniendo aspectos que son buenos o malos dependiendo de cuando se creó la historia particular sobre el pájaro. La historia que se cuenta aquí se inclina a presentar al pájaro Anzu como vano y temible, pero básicamente bueno. Algunas representaciones de Anzu en el arte antiguo lo muestran como un águila con cabeza de león y otras como mitad hombre, mitad pájaro. El pájaro Anzu se asociaba con los truenos y las tormentas en los antiguos mitos sumerios, y aunque se le consideraba un ser poderoso, parece no haber disfrutado de su propio culto.

Llegó un momento en que Lugalbanda estaba en campaña con los ejércitos de las ciudades de Uruk, saliendo a luchar contra la ciudad de Aratta junto al rey Enmerkar, hijo de Utu, el dios del sol, y Lugalbanda se separó de sus compañeros. Lugalbanda se perdió en las montañas Zabu y no tenía a nadie a quien acudir para pedir consejo. Mientras Lugalbanda caminaba por un sendero de la montaña, divisó el nido del pájaro Anzu, una criatura monstruosa con enormes garras y un pico dentado como la boca de un tiburón. El nido estaba en un gran árbol, cuya corona se extendía incluso sobre los picos más altos de la montaña, y sus raíces estaban enterradas en la boca de un gran río perteneciente a Utu, dios del sol.

—Sé lo que haré—dijo Lugalbanda—. Iré a ver al pájaro y le hablaré amablemente. Le daré buena cerveza y pasteles dulces para él y su familia. Si le trato bien, me dirá dónde han ido mis hermanos de armas, dónde podría encontrar las tropas de mi ciudad Uruk.

Lugalbanda hizo pasteles, endulzándolos con miel dorada. Fue al nido del pájaro Anzu y encontró en su interior un joven polluelo. Lugalbanda alimentó al polluelo con los dulces, y también con carne y buena grasa de oveja. Luego embelleció al polluelo, pintándole los ojos con kohl y perfumándolo con aceite de cedro. Decoró el nido con flores brillantes y virutas de cedro. Dejando atrás algo de carne salada, Lugalbanda fue y se escondió, esperando a ver qué pasaba.

Mientras Lugalbanda alimentaba al polluelo y decoraba el nido, el pájaro Anzu estaba fuera arreando su ganado. Cuando terminó su trabajo, capturó uno de los toros y lo mató, y lo puso sobre su espalda. Entonces cogió un toro vivo en sus garras, y con sus cargas, voló a casa. El pájaro Anzu llegó a su nido pero no pudo ver a su polluelo dentro de él. Cuando la esposa del pájaro Anzu llegó y miró dentro del nido, también vio que el polluelo había desaparecido. El pájaro Anzu y su esposa lanzaron un grito de luto—. ¿A dónde ha ido nuestro polluelo? Oh, esto es algo terrible. ¿Quién se ha llevado a nuestro precioso niño?

El pájaro Anzu miró más de cerca su nido, y vio que había sido decorado con flores brillantes y virutas de cedro, y en medio de esto estaba el polluelo, sus ojos pintados con kohl y su plumón untado con aceite de cedro. El pájaro Anzu vio esto y se regocijó—. ¡Mira y ve! ¡Mira lo que ha sido de mi nido! Seguramente ahora es un palacio para un gran rey. ¿Quién ha hecho esto? ¡Ven, muéstrate! Enlil es mi padre, y yo tengo el poder de decidir los destinos. ¡Muéstrate, y yo te haré un camino libre de todo enemigo y conflicto!

Lugalbanda salió de su escondite y se inclinó ante el gran pájaro—. Oh, poderoso pájaro Anzu, tus ojos brillan como un cielo lleno de estrellas. Tu envergadura es tan grande que el cielo apenas puede abarcarla. La agudeza de tus garras es incomparable y es la ruina de los toros y las vacas, las ovejas y las cabras. Tus plumas son más hermosas que el más fresco y cuidado jardín. Vine aquí ayer, esperando ponerme bajo tu protección; te saludo bien y te pido que decidas mi destino para mí.

—Tu destino será llevarte un gran regalo—dijo el pájaro Anzu—. Tendrás una gran barcaza llena de todo lo bueno, grano y pepinos, manzanas y oro. Ese será tu destino.

—Oh, gran pájaro Anzu—dijo Lugalbanda—eres muy generoso, pero no es lo que yo deseo.

—Toma entonces estas flechas—dijo el pájaro—. Siempre darán en el blanco. ¡Serás el mejor arquero del mundo entero!

—Oh, gran pájaro Anzu—dijo Lugalbanda—seguramente es un gran regalo, pero no es lo que yo deseo.

—Entonces toma el poderoso yelmo de Ninurta y su pectoral dorado.

—Ah—dijo Lugalbanda—me tientas con gran honor, pero por desgracia, eso no es lo que deseo.

—¿Qué hay de la mantequera de Dumuzi? Nunca se vacía, y nunca se cansa de batir la mantequilla más dulce—dijo el pájaro.

—Es un buen regalo—dijo Lugalbanda—pero no es lo que yo deseo.

—Ahora, entonces, Lugalbanda, no es bueno que rechaces todos mis regalos. Pero estoy en deuda contigo, y por eso te daré todo lo que me pidas.

—Oh, gran pájaro Anzu—dijo Lugalbanda—dame el poder de correr. ¡Déjame correr y correr y no cansarme nunca! Déjame correr rápido como el rayo, rápido como el viento aullador. Si miro hacia el lugar al que quiero ir, ¡déjame llegar allí en un santiamén! Dame esto y ordenaré que te hagan una estatua, más hermosa que cualquier otra estatua del mundo. Todo Sumeria se enterará de tu belleza y tu poder, y por eso te alabarán a ti y a los dioses.

Y así fue que el pájaro Anzu le dio a Lugalbanda el poder de correr. Le dio el poder de correr sin cansarse; le dio la rapidez de los relámpagos y los aullidos del viento—. Y he aquí—dijo el pájaro—mi estatua será la más hermosa, y mi nombre será proclamado por todo Sumeria.

Lugalbanda agradeció al pájaro por su regalo y luego preguntó si el pájaro sabía dónde estaban sus compañeros—. No lo sé—dijo el pájaro—pero veré si puedo encontrarlos.

El pájaro Anzu desplegó sus grandes alas y voló en el aire. Después de dar vueltas durante un tiempo, vio a las tropas de Uruk. Volvió a su nido y dijo—: Los he encontrado, Lugalbanda, y te diré por dónde ir, pero primero debes escuchar mis palabras. Cuando encuentres a tus compañeros, no les cuentes el regalo que te he hecho, porque nunca se sabe cuándo un regalo puede convertirse en una maldición disfrazada. Y no vuelvas aquí a mi nido. Quédate con tus amigos.

Lugalbanda tomó sus armas y se puso en marcha para encontrar las tropas de la ciudad de Uruk. Cuando llegó a su campamento, se sorprendieron y se alegraron de verlo—. ¡Lugalbanda!—gritaron—. ¿Dónde has estado? Te buscamos por todas partes pero no te encontramos. ¡Te habíamos dado por muerto! ¡Nadie vuelve vivo de esas montañas!

—Bueno, vadeé los ríos con mis propias piernas y me bebí todas sus aguas—dijo Lugalbanda—. Comí de lo que encontré en los prados y de las bellotas bajo los árboles. —Todos los hombres de Uruk se reunieron alrededor de Lugalbanda para escuchar su historia, para darle comida y bebida, y alegrarse de que hubiera regresado a ellos ileso.

Al día siguiente, los ejércitos de Uruk marcharon a la ciudad de Aratta, y acamparon fuera de las murallas. Los hombres de Aratta lanzaron jabalinas y piedras a los hombres de Uruk. Los hombres de Aratta lanzaron tantas jabalinas y piedras que fue como si la lluvia cayera del cielo.

Durante mucho tiempo, los hombres de Uruk lucharon por tomar Aratta, pero no tuvieron éxito. Lo intentaron durante muchos meses, y pronto los meses se convirtieron en un año, y aun así Aratta no cayó. Delante de ellos, los hombres de Uruk tenían una tormenta de jabalinas y piedras, y detrás de ellos tenían montañas llenas de espinas y bestias caídas, y nadie sabía cómo podrían volver a su ciudad con vida.

El rey Enmerkar, valiente como era, comenzó a pensar que tal vez aquí es donde se encontraría con su destino, junto con su ejército. Preguntó a sus soldados quiénes volverían a Uruk a buscar ayuda, pero ninguno quiso ir. Se dirigió a sus soldados de élite, héroes cada uno de ellos, y preguntó quién de ellos iría a Uruk, pero ninguno iría. Una vez más, le preguntó a los soldados regulares, y una vez más, se negaron. Una vez más, Enmerkar fue a los soldados de élite y preguntó quién de ellos iría a Uruk, y esta vez, Lugalbanda se puso de pie y dijo—Oh rey Enmerkar, haré este encargo, pero debo hacerlo solo.

Enmerkar dijo—Muy bien. Ve a Uruk, y ve sin compañeros. Lleva contigo el estandarte de Uruk. ¡Ve de prisa! ¡Regresa pronto! ¡Protege el estandarte con tu propia vida!

Entonces Enmerkar, hijo de Utu, dijo a Lugalbanda—Este es el mensaje que llevarás. Ve a mi hermana Inanna y dile: "¡Oh Inanna, mi hermana! Tu deseo era que yo levantara la ciudad de Uruk del pantano de Uruk. El poderoso Enki me ayudó a drenar el pantano, y allí construí mi ciudad, y la construcción de la misma llevó cincuenta años. Y ahora me encuentro aquí en campaña, y mi santa hermana me ha abandonado. Ha huido a la ciudad de Uruk, dejándome aquí para dirigir estos ejércitos solo. Si vas a abandonarme, al menos procura que regrese a casa, para que pueda dejar mi lanza. Y cuando regrese, podrás partir mi escudo en dos". Eso es lo que debes decirle a mi hermana Inanna.

Entonces Lugalbanda dejó la presencia del rey y fue a recoger lo que necesitaba para su viaje. Se había corrido la voz por todo el campamento de que Lugalbanda se iba a marchar por encargo del rey, y en todas partes donde iba sus camaradas le gritaban que no se fuera—. ¿Por qué tienes que irte?—le dijeron—. ¡Busca a otro para hacer este recado! ¡No nos dejes!

—Debo irme—dijo Lugalbanda—. Hice un juramento solemne al rey, y debo ir solo.

—Si te vas, nunca volverás—dijeron sus compañeros—. ¡Debes cruzar esas montañas, y nadie baja vivo de ellas!

—No debo demorarme—dijo Lugalbanda—. Debo ir, y nadie debe venir conmigo.

Lugalbanda tomó sus armas y provisiones, y se fue del campamento. Caminó hacia las montañas y a través de las llanuras. Llegó a la ciudad de Uruk a medianoche y se presentó ante la señora Inanna. Lugalbanda le dijo—: Oh, señora Inanna, saludos. Vengo a ti con un mensaje de tu hermano, Enmerkar, que me pide que diga esto: "¡Oh Inanna, mi hermana! Tu deseo era que yo levantara la ciudad de Uruk del pantano de Uruk. El poderoso Enki me ayudó a drenar el pantano, y allí construí mi ciudad, y la construcción de la misma llevó cincuenta años. Y ahora me encuentro aquí en campaña, y mi santa hermana me ha abandonado. Ha huido a la ciudad de Uruk, dejándome aquí para dirigir estos ejércitos solo. Si vas a abandonarme, al menos procura que regrese a casa, para que pueda dejar mi lanza. Y cuando regrese, podrás partir mi escudo en dos.

Inanna escuchó el mensaje de Lugalbanda, y le dijo—: Te agradezco que me hayas traído las palabras de mi hermano. Este es el mensaje que debes llevarle. Dile que debe ir al río sagrado de Inanna. En sus orillas crecen los sagrados tamariscos. Un tamarisco está solo allí. Enmerkar debe cortar ese solitario tamarisco y hacer de él un cubo. Luego debe limpiar la orilla del río de sus cañas y atrapar el pez sagrado suhurmash que nada en esas aguas. Debe cocinar el pescado y sazonarlo bien, y luego debe ofrecerlo al arma de guerra sagrada de Inanna. Cuando eso esté hecho, Enmerkar tendrá la fuerza necesaria para derrotar a la ciudad de Aratta. Y cuando haya tomado la ciudad, debe quitarle sus metales, sus trabajadores, sus piedras y sus canteros. Debe reconstruir la ciudad y hacerla suya. Enmerkar debe hacer lo que yo le ordene, y entonces la ciudad de Aratta le pertenecerá.

El sumerio Gilgamesh

Parte I: Inanna y el árbol Huluppu

La versión sumeria de la epopeya de Gilgamesh comparte ciertos episodios con la posterior y más conocida versión babilónica, pero otros aspectos de la colección de cuentos sumerios son distintos. La historia que se cuenta a continuación es uno de estos mitos distintos, que cuenta los eventos que ocurrieron justo después de la creación del mundo. En esta historia, se dice que Gilgamesh es el hermano de la diosa Inanna, que ha plantado un árbol huluppu, posiblemente un sauce, según el asiriólogo Samuel Kramer, del que desea hacer algunos muebles. Pero el demonio hembra Lilith, una serpiente, y el pájaro Anzu están ocupando el árbol, impidiendo que Inanna lo corte, así que recluta a Gilgamesh para que la ayude.

Aunque Gilgamesh fue un personaje histórico real que gobernó Sumeria algún tiempo antes del 2300 a. C., aquí lo vemos como un héroe mitológico y una figura divina que puede desterrar fácilmente a criaturas tan poderosas como el pájaro Anzu y que puede arrancar árboles enteros con sus propias manos. En gratitud por la ayuda de su hermano, Inanna usa las ramas y raíces del árbol para hacer para

Gilgamesh un mikku *y un* pukku, *dos objetos que se cree que fueron el palo y la pelota, respectivamente, que se usaban en una especie de antiguo juego sumerio, cuyas reglas se han perdido ahora.*

Hace mucho, mucho tiempo, en los primeros días del mundo, en esos primeros días después de que todo hubiera sido creado por los dioses, un árbol *huluppu* creció a orillas del río Éufrates. Pero un día, una gran tormenta surgió, una tormenta con un gran viento del sur, y el viento desarraigó el árbol y lo mandó a caer al agua.

El árbol flotó a lo largo del río. La Santa Inanna estaba caminando a lo largo de la orilla del río, y vio al árbol siendo llevado por la corriente. Inanna pensó—: Si me llevo este árbol a casa y lo planto en mi jardín de Uruk, crecerá bien, y lo usaré para hacer una bonita silla para sentarme y un bonito sofá para tumbarme.

Así que Inanna arrancó el árbol del río y lo plantó en su jardín. Inanna cuidó bien y con cuidado el árbol, esperando que creciera lo suficiente para poder usarlo para hacer su silla y su sofá.

Después de muchos años, el árbol había crecido, y su tronco se había vuelto grueso, así que Inanna pensó en cortar el árbol, porque ahora podría hacer una silla y un sofá finos. Pero cuando Inanna intentó cortar el árbol, se dio cuenta de que no podía hacerlo. Inanna no podía cortar el árbol, porque una serpiente que no podía ser tocada por la magia se había enroscado en las raíces del tronco, y el pájaro Anzu había hecho un nido para sus crías en las ramas, y la mujer demonio Lilith había hecho su hogar dentro del tronco.

Inanna vio a la serpiente, al pájaro y a la mujer que habían hecho su hogar en su árbol, e Inanna lloró. Lloró muchas lágrimas amargas, esta mujer que hasta ahora solo había conocido la alegría. Lloró porque no podía cortar su árbol y hacer su silla o su sofá.

Inanna fue a ver a su hermano, Utu, el dios del sol. Le contó todo lo que había pasado, cómo había arrancado el árbol del río y lo había plantado en su jardín, cómo quería hacer una silla y un sofá con su madera, pero que ahora no podía cortar el árbol por culpa de la serpiente y el pájaro Anzu y la mujer demonio Lilith.

Utu no escuchó a su hermana. Se negó a ayudar a Inanna.

Inanna acudió a su hermano, Gilgamesh, el poderoso héroe. Le contó todo lo que había pasado, cómo había arrancado el árbol del río y lo había plantado en su jardín, cómo quería hacer una silla y un sofá con su madera, pero que ahora no podía cortar el árbol por culpa de la serpiente y el pájaro Anzu y la mujer demonio Lilith.

El poderoso Gilgamesh ayudó a su hermana, Inanna. Gilgamesh se ató su armadura y tomó su poderosa hacha que había blandido contra muchos enemigos, la armadura y el hacha que ningún otro hombre tenía la fuerza para soportar o manejar. Entonces Gilgamesh convocó a sus compañeros de la ciudad de Uruk, y junto con sus compañeros, Gilgamesh fue al árbol que su hermana había plantado en su jardín.

Gilgamesh fue al árbol, e hirió a la serpiente que no podía ser encantada por la magia que la había enroscado en la base del árbol. Cuando el pájaro Anzu vio lo que Gilgamesh había hecho a la serpiente, llamó a sus crías, y todas volaron a una tierra lejana. Cuando la mujer demonio Lilith vio lo que Gilgamesh había hecho a la serpiente, huyó del árbol y corrió muy, muy lejos en el desierto.

Entonces Gilgamesh arrancó el árbol usando nada más que sus manos desnudas y la fuerza de sus brazos. Entonces los compañeros de Gilgamesh despojaron al árbol de sus ramas y las ataron cuidadosamente en manojos. El tronco del árbol que Gilgamesh le dio a su hermana, Inanna, y de esa madera Gilgamesh hizo su silla y su sofá. Las raíces y las ramas del árbol que Gilgamesh guardó para sí mismo. De las raíces, Inanna hizo para Gilgamesh un *pukku*, y de las ramas, hizo un *mikku*, la pelota y el palo que Gilgamesh usaba para jugar su juego.

Parte II: Enkidu en el inframundo

La mayor parte de esta sección del mito está dedicada a una explicación detallada de la comprensión sumeria de la vida después de la muerte. En el inframundo sumerio, los muertos afortunados son los que tuvieron muchos hijos, especialmente hijos varones (siete es el número perfecto), mientras que los que se negaron o fueron incapaces de tener hijos quedan atrapados en bucles de molestias triviales. Otros muertos afortunados son aquellos cuyos parientes vivos les hacen ofrendas, así como los niños nacidos muertos, que disfrutan de una especie de paraíso. Los leprosos, en cambio, no reciben ningún alivio de sus sufrimientos, y los guerreros muertos en batalla deben existir sin consuelo, sabiendo que sus seres queridos lloran por ellos.

Esta sección del Gilgamesh sumerio también varía mucho de la versión babilónica en el personaje de Enkidu. En la epopeya babilónica, Enkidu es un hombre salvaje y peludo enviado a matar a Gilgamesh pero que acaba convirtiéndose en el compañero de armas y mejor amigo de Gilgamesh; juntos, la pareja comparte muchas aventuras heroicas. Sin embargo, aquí en la versión sumeria, Enkidu es tan humano y civilizado como su noble amo, y en lugar de ser una figura heroica, es simplemente un sirviente, aunque uno al que Gilgamesh ama profundamente.

Gilgamesh tomó su *mikku* y *pukku* que hizo de la madera del árbol *huluppu* de Inanna y luego fue a la plaza del pueblo y comenzó a jugar a la pelota con ellos. Los jóvenes del pueblo se unieron a él en su juego. Juntos jugaron por toda la plaza. Gilgamesh no trató a los jóvenes con amabilidad. Los golpeó con la pelota; los golpeó con su palo. Cuando las viudas fueron a llevar comida a sus hijos, los jóvenes se quejaron de que Gilgamesh los había usado muy bruscamente. Cuando las doncellas fueron a llevar agua a sus hermanos, los jóvenes se quejaron de que Gilgamesh les había hecho daño con la violencia de su juego.

Al atardecer, Gilgamesh tomó su palo y marcó el último punto donde había caído la pelota, pensando en reanudar el juego al día siguiente. Tomó su palo y su pelota y se fue a casa, donde comió y se retiró por la noche. A la mañana siguiente, Gilgamesh volvió a la plaza del pueblo para jugar a la pelota. Pero las viudas y las jóvenes doncellas habían estado llorando a los dioses sobre cómo habían sido tratados sus jóvenes, y así, el palo y la pelota de Gilgamesh se le cayeron de las manos y bajaron, bajaron, al mismísimo inframundo.

Gilgamesh trató de recuperar su palo y su pelota. Abajo, abajo, abajo, estiró su mano, pero no pudo alcanzarlos. Lo intentó con el pie. Abajo, abajo, abajo, estiró su pie, pero aun así no pudo alcanzar su palo y su pelota. Gilgamesh bajó a la puerta del inframundo. Se sentó frente a la puerta y comenzó a llorar—. ¡Oh, cómo me duele el corazón por la pérdida de mi palo! ¡Oh, cómo mis ojos lloran por la pérdida de mi pelota! ¿Cómo podré recuperarlas?

Y así fue como Gilgamesh se sentó ante la puerta del inframundo y lloró la pérdida de su *mikku* y *pukku*.

Enkidu, el sirviente de Gilgamesh, escuchó a su amo llorar. Enkidu fue a Gilgamesh y dijo—Oh mi amo, ¿por qué lloras tanto? ¿Qué ha pasado que estás de luto?

Gilgamesh respondió—: Mi pelota y mi palo han caído en el inframundo, y no puedo recuperarlos.

—No temas—dijo Enkidu—. No llores más. Iré al inframundo yo mismo. Te devolveré tu palo y tu pelota.

—Muy bien—dijo Gilgamesh—. Ve y tráemelos. Pero debes escuchar mis instrucciones y prestar atención. No uses ropa limpia. Los muertos sabrán que no perteneces a ellos. No te unjas con aceite. Los muertos olerán el aroma y te rodearán. No lances un palo lanzador en el inframundo. Aquellos a los que golpees también te rodearán. No lleves un bastón, porque eso asustará a los espíritus y los enfurecerá. No lleves sandalias en los pies, ni hables en voz alta. No abraces a la esposa y al hijo que amas. No golpees a la esposa y al hijo que odias. ¡Si gritan, nunca se te permitirá salir!

—La madre de Ninazu está allí, la madre del dios del inframundo. ¡Es una criatura muy temible, que hay que evitar, porque no lleva ni vestidos brillantes ni cambios de lino, y sus uñas son tan largas y afiladas como la cabeza de un pico, y las usa para arrancar su propio pelo, que crece en su cabeza como los puerros crecen en un jardín!

Pero Enkidu no hizo caso de las órdenes de Gilgamesh. Se vistió con ropas limpias y se ungió con aceite. Se puso las sandalias en los pies. Se llevó consigo su palo de lanzar y su bastón. Y allí, en el inframundo, lanzó el palo de lanzar y golpeó a algunos de los muertos con él. Habló con una voz fuerte. Abrazó a la esposa y al hijo que amaba, y golpeó a la esposa y al hijo que odiaba. ¡Oh, cómo se gritó en el inframundo que un intruso estaba entre los espíritus de los muertos y los usaba mal!

Pasaron siete días. Gilgamesh esperó siete días a que su sirviente Enkidu volviera a él, pero Enkidu no regresó. Gilgamesh comenzó a llorar—. ¡Ay, ay, ay! Mi amado sirviente Enkidu se ha ido al inframundo y no puede salir.

Gilgamesh fue al E-kur, al hogar del gran dios Enlil. Gilgamesh se arrodilló ante el gran Enlil y dijo—: ¡Ay! Mi amado sirviente Enkidu ha ido al inframundo a devolverme mi *mikku* y mi *pukku*, pero no le dejarán salir. No le dejarán salir del inframundo. Enkidu ha pasado por la furia de la batalla y no ha muerto, pero ahora está en el inframundo y no puede salir. Entró en el inframundo por su propia puerta, por su propia voluntad. No fue llevado allí por Namtar, dios del destino, o por el demonio Asag, o incluso por Nergal, el dios del inframundo. Enkidu se fue por su propia voluntad y ahora no puede irse.

Pero Enlil no quiso escuchar la oración de Gilgamesh. Enlil no liberaría a Enkidu del inframundo.

Luego Gilgamesh fue a Eridu, el hogar del gran dios Enki. Gilgamesh se arrodilló ante el gran Enki y dijo—: ¡Ay! Mi amado sirviente Enkidu ha ido al inframundo para devolverme mi *mikku* y *pukku*, pero no le dejarán salir. No le dejarán salir del inframundo.

Enkidu ha pasado por la furia de la batalla y no ha muerto, pero ahora está en el inframundo y no puede salir. Entró en el inframundo por su propia puerta, por su propia voluntad. No fue llevado allí por Namtar, dios del destino, o por el demonio Asag, o incluso por Nergal, el dios del inframundo. Enkidu se fue por su propia voluntad y ahora no puede irse.

Enki escuchó la difícil situación de Gilgamesh, y escuchó su oración. Enki se volvió hacia su hijo Utu y le dijo—: Ayudarás a Gilgamesh a recuperar a su sirviente. Usa tu poder para abrir una grieta en el inframundo. Trae de vuelta a Enkidu a través de esta grieta.

Utu hizo lo que Enki le ordenó. Causó que se formara una gran grieta en la pared del inframundo. Utu envió un fuerte viento a través de la grieta. El viento buscó a Enkidu y lo trajo de vuelta a la tierra de los vivos a través de la grieta que Utu había hecho.

Cuando Enkidu volvió a Gilgamesh, Gilgamesh lo abrazó de todo corazón. Enkidu abrazó a su amo de corazón. Ambos lloraron lágrimas de alegría porque Enkidu había vuelto vivo del inframundo.

—Dime—dijo Gilgamesh—dime todo lo que viste y escuchaste en el inframundo. Dime cómo es allí, en la tierra de los muertos.

—Puedo decirte estas cosas—dijo Enkidu—pero deberías sentarte primero, porque seguramente lo que tengo que decir te hará llorar.

—Muy bien—dijo Gilgamesh—me sentaré y lloraré, solo cuéntamelo todo.

—Los órganos de la generación, el miembro masculino y el lugar secreto de la mujer, se pudren y se convierten en polvo.

—¡Oh!—gritó Gilgamesh, y luego se sentó y comenzó a llorar.

—¿Pero qué pasa con el hombre que tiene un hijo?—dijo Gilgamesh—. Cuéntame cómo le va en el inframundo.

—Mira la estaca que está en la pared de al lado y le hace llorar.

—¿Y el hombre que tiene dos hijos? ¿Qué pasa con él?

—Se sienta en unos ladrillos y come pan—dijo Enkidu.

—¿Qué pasa con el hombre que tiene tres hijos? ¿Cómo va con él?

—Bebe agua que se mantiene en una piel de agua, del tipo que se cuelga en la silla de montar—dijo Enkidu.

Entonces Gilgamesh preguntó—Y el hombre que tiene cuatro hijos, ¿qué pasa con él en el inframundo?

—Oh, ese hombre se regocija, como un hombre que tiene cuatro finos asnos para trabajar para él.

—¿Qué pasa con el hombre que tiene cinco hijos?—preguntó Gilgamesh.

Enkidu respondió—Ese hombre es como un buen escriba. Es incansable y siempre puede entrar en el palacio con gran facilidad.

—¿Cómo va con el hombre que tiene seis hijos?

—Ese hombre se regocija como el granjero que tiene buena tierra para cultivar—dijo Enkidu.

—Y el hombre que tiene siete hijos—dijo Gilgamesh—. ¿Cómo le va con él?

—Oh, ese hombre es muy bendecido—dijo Enkidu—porque tiene permiso para sentarse entre los dioses y escuchar su discurso.

—¿Qué pasa con el hombre que no tiene hijos?—preguntó Gilgamesh.

Enkidu respondió—Ese hombre debe comer pan tan duro que es como una teja de arcilla.

—Y el eunuco que sirve al rey, ¿qué pasa con él?

—Está de pie en el rincón como un palo inútil.

—¿Qué hay de la mujer que nunca tuvo hijos? ¿Cómo va con ella?—preguntó Gilgamesh.

—Se la echa a un lado como una olla vacía, y ningún hombre se le acerca.

—Y el hombre que nunca tuvo relaciones con su esposa—dijo Gilgamesh—. ¿Qué pasa con él?

—Hace una cuerda, y cuando está hecha, llora por ella—dijo Enkidu.

—¿Qué hay de la esposa que nunca tuvo relaciones con su marido?—preguntó Gilgamesh.

—Hace una estera de caña, y cuando está hecha, llora por ella.

—Y los leprosos, ¿cómo les va en la tierra de los muertos?

—Se mueven como los bueyes bajo el aguijón de las moscas—dijo Enkidu.

—¿Qué hay del guerrero que fue asesinado en el campo? ¿Qué será de él?

—Su madre no puede consolarlo, y su esposa llora sin cesar.

—Los muertos que no reciben ofrendas—dijo Gilgamesh—. ¿Qué pasa con ellos?

—Viven de recoger costras de pan que otros tiran a la calle.

—Los niños pequeños que nacen muertos y mueren sin siquiera ser nombrados, ¿qué pasa con ellos?

—Oh, viven muy bien, comiendo leche y miel de una mesa dorada.

—Y el hombre que fue quemado hasta morir—dijo Gilgamesh—, ¿qué será de él?

—Su espíritu no está en el inframundo. Subió al cielo como una brizna de humo.

Parte III: Gilgamesh y Huwawa

A pesar de su naturaleza semidivina, Gilgamesh es consciente de su propia mortalidad, y en esta historia, desea asegurarse de que su nombre se conozca después de su muerte. En su búsqueda para lograrlo, va a las montañas de Cedro para cortar árboles y allí perturba a una poderosa y misteriosa criatura conocida como Huwawa. Huwawa no está descrito en la versión sumeria del mito, pero en la versión babilónica -en la que se le llama Humbaba- se le dibuja como una especie de gigante grotesco con cara de león al que el dios Enlil ha encargado que proteja los bosques de cedro.

En esta historia, Huwawa encuentra el ruido de las actividades madereras de Gilgamesh insoportable y por lo tanto pone al héroe y a sus compañeros en un sueño encantado, lo que enfurece mucho a Gilgamesh una vez que despierta y se da cuenta de lo que Huwawa ha hecho. Gilgamesh decide vengarse, primero engañando a Huwawa para que le diera a Gilgamesh algunos de sus poderes. Luego Gilgamesh ataca a Huwawa y lo toma cautivo, después de lo cual Enkidu lo mata. Al final, Gilgamesh aprende una dura lección sobre la venganza y la sed de poder; cuando Enlil descubre lo que Gilgamesh y Enkidu han hecho, despoja a Gilgamesh de los poderes de Huwawa y los distribuye por todo el mundo.

Un día, Gilgamesh miró hacia las montañas. Miró hacia las montañas donde habitaba el Viviente y pensó para sí mismo que debía hacer un viaje allí. Gilgamesh dijo a su sirviente Enkidu—: Tengo la intención de hacer un viaje a la montaña del Viviente, porque la muerte le llega a todo hombre independientemente de su posición. Haré un viaje a esa montaña y allí estableceré mi nombre. En los lugares donde otros han establecido sus nombres, yo también estableceré el mío. En los lugares donde aún no se han establecido los nombres, estableceré los nombres de los dioses.

Enkidu dijo—Mi señor, un viaje a la montaña seguramente es algo bueno, pero primero deberías decirle a Utu lo que te propones hacer. Dile a Utu, el dios del sol, que te propones ir a las montañas de Cedro porque todo lo que concierne a las montañas concierne a Utu. Dile lo que te propones hacer.

Gilgamesh vio la sabiduría de las palabras de Enkidu, y así, tomó una cabra y la sostuvo en su pecho. Tomó su bastón sagrado y lo sostuvo ante su cara, y luego le habló a Utu, que habita en los cielos—: Oh Utu, oh resplandeciente, me propongo ir a las montañas de Cedro. ¡Oh Utu, que habitas en los cielos, voy a las montañas, y te pido ayuda!

Utu respondió—: ¿Qué harías allí en las montañas? En tu propia tierra eres un rey y un noble, pero ¿qué puesto tendrías en las montañas?

—O brillante, he pensado en esto. He pensado en mi viaje, y deseo que tú te ocupes de mi pensamiento. Miro alrededor de mi ciudad, y cada día la gente muere. La gente muere, y luego los vivos los lloran, y todos los corazones se agobian. Miré por encima de la muralla de mi ciudad, miré el río, y he aquí que estaba lleno de cadáveres. Miré por encima de la muralla de mi ciudad y vi eso, y sé que un día seré como uno de esos muertos que flotan en el río. Ningún hombre puede escapar a su destino, porque ningún hombre es lo suficientemente grande para lograrlo.

—Sé que algún día moriré. Moriré y me iré de este mundo, pero antes de hacerlo, quiero establecer mi nombre en las montañas. Estableceré mi nombre en todos los lugares donde pueda establecerse, y en los lugares donde no pueda establecerse el nombre de nadie, estableceré los nombres de los dioses.

Y así fue como Gilgamesh le dijo a Utu lo que se proponía hacer, derramando muchas lágrimas todo el tiempo. Utu escuchó las palabras de Gilgamesh y vio sus lágrimas y aceptó esas lágrimas como un regalo, como uno con un corazón compasivo siempre debe hacer.

—Déjame decirte lo que haré—le dijo Utu a Gilgamesh—. Te ayudaré en tu búsqueda. Hay siete guerreros, todos hijos de la misma madre. ¡Son grandes y fuertes, todos y cada uno de ellos! El mayor tiene patas de león y garras de águila. El segundo es una serpiente venenosa. El tercero es verdaderamente un dragón. El cuarto es todo de fuego. La quinta es otra serpiente. La sexta es una inundación que lava todo lo que tiene delante. La séptima es un relámpago, y nadie puede desviarlo. No hay lugar en la Tierra que no conozcan, ningún camino o sendero que les sea desconocido, y te ayudarán en tu viaje a las montañas de Cedro.

Gilgamesh se regocijó mucho con las palabras de Utu. Se dirigió al centro de su ciudad y sopló una gran explosión sobre su cuerno. La explosión fue tan grande que todos los que la escucharon se preguntaron cómo un hombre podía hacer tal sonido, ya que era tan fuerte que sonaba como si dos hombres estuvieran soplando sus cuernos juntos con todas sus fuerzas.

Entonces Gilgamesh dijo a la gente de su ciudad—: ¡Necesito cincuenta hombres que me ayuden en mi misión! ¡Que sean hombres jóvenes y fuertes, que aún no se hayan casado!

El pueblo siguió las órdenes de Gilgamesh. Cincuenta hombres jóvenes, fuertes y solteros se presentaron para ser los compañeros de Gilgamesh.

Gilgamesh lideró la banda de cincuenta a la fragua. Allí hizo que se lanzaran las armas para sus hombres, cuchillos largos y hachas de batalla. Luego llevó a su banda de cincuenta al bosque. Allí cortaron árboles de ébano, albaricoque y boj, y usaron la madera para los ejes e hileras de las armas.

Cuando todo estaba listo, Gilgamesh se dirigió a las montañas. Fue a las montañas buscando el cedro perfecto para usar. Cruzó la primera cadena montañosa, pero el cedro perfecto no estaba allí. Cruzó la segunda cordillera, pero el cedro perfecto no estaba allí. Cruzó la tercera cordillera, y la cuarta, pero el cedro perfecto tampoco estaba allí. Cruzó la quinta cordillera, y la sexta, pero el cedro perfecto no estaba allí. Finalmente, llegó a la séptima cordillera, y allí estaba el cedro perfecto, el que Gilgamesh había estado buscando.

Gilgamesh tomó su poderosa hacha y taló ese gran cedro. Enkidu tomó su hacha y cortó las ramas. Los cincuenta hombres de la banda de Gilgamesh recogieron las ramas y las colocaron cuidadosamente en un montón.

La tala del árbol, el corte y apilamiento de las ramas hicieron mucho ruido. El ruido perturbó a Huwawa en su guarida. Huwawa se asustó por todo el ruido, y así, envió su poder contra Gilgamesh y sus hombres. De repente, Gilgamesh y sus hombres se quedaron dormidos. Todos cayeron al suelo y estaban insensibles.

Durante mucho tiempo durmieron, y el primero en despertar fue Enkidu. Enkidu miró a su alrededor. Se frotó los ojos y miró a su alrededor, y en todas partes no había nada más que silencio.

Enkidu fue a Gilgamesh y lo tocó, pero Gilgamesh no se despertó—. Oh Gilgamesh, oh mi señor y rey, ¿todavía quieres dormir? ¡Mira, el día casi ha terminado! Utu está terminando su viaje y se va a descansar; ¿todavía quieres dormir? Los cincuenta que vinieron contigo, deberían volver a su ciudad. Sus madres los están esperando. ¿Dormirás todavía?

Pero Gilgamesh no se despertaba, así que Enkidu tomó un paño y lo empapó con un aceite precioso. Frotó el aceite sobre el pecho de Gilgamesh, y cuando esto terminó, Gilgamesh se despertó y saltó a cuatro patas como un gran toro. Inclinó su cuello hacia abajo y rugió—: Por la vida de Ninsun, la diosa que me dio a luz, y por mi padre, el gran Lugalbanda, ¿cómo es que duermo como un bebé, como el bebé que estaba en el pecho de Ninsun? ¡Juro que hasta que encuentre al que me hizo esto, no volveré a mi ciudad, y no me importa si es mortal o divino!

Enkidu trató de calmar a su amo, diciendo—: Mi señor, no has visto al que hizo esto, ¡pero yo sí! Oh, lo he visto, y es temible de contemplar. Es un gran guerrero, con dientes como un dragón. Apuesto a que se da un festín de carne humana como los leones del desierto.

—Sube a las montañas, pero déjame volver a nuestra ciudad. ¿Qué le diré a tu madre? Seguramente se regocijará si aún vives, pero si debo decirle que has muerto, llorará y se pondrá a llorar.

—No temas, Enkidu—dijo Gilgamesh—no temas, porque iremos juntos y no moriremos, porque ¿quién se enfrentará a nosotros? Vayamos y busquemos al que hizo esto. No temas; ¡vamos a buscarlo!

Pero Huwawa nunca dejó que nadie se le acercara más de sesenta polos, y era tan temible esa criatura, que quienquiera que mirara moriría. Huwawa sabía que Gilgamesh y Enkidu se acercaban, y dijo muy claramente—: ¡Sé que estás ahí! ¡Nunca volverás a tu ciudad! ¡Nunca volverás con tu madre!

Gilgamesh escuchó las palabras de Huwawa, y una gran ola de terror se levantó dentro de su cuerpo, y se encontró con que no podía moverse. Gilgamesh se llenó de miedo, y se puso de pie como si estuviera arraigado al lugar.

Huwawa miró a Gilgamesh y le dijo—: Mírate, tan bien hecho en tu cuerpo. ¡Un hijo hermoso eres para tu madre! Eres un árbol alto, noble y valiente, ¡y el consentido de los dioses! ¡Pon las manos en el suelo, entonces, no tengas miedo!

Gilgamesh hizo lo que le dijo Huwawa, y con las manos en el suelo, dijo—: ¡Por mi madre Ninsun, la diosa que me dio a luz, y por mi padre, el gran Lugalbanda! Creo que tú y yo deberíamos hacer un pacto juntos. Déjame darte a mi hermana mayor Enmebaragesi para que sea tu esposa. ¡Déjame también darte a mi hermana pequeña Peshtur para que sea tu concubina! Son tuyas si me das tu poder de miedo, y nos uniremos como parientes.

Y así, Huwawa le dio a Gilgamesh su primer poder del miedo. Los compañeros de Gilgamesh tomaron y quitaron las ramas. Luego apilaron las ramas ordenadamente y las ataron en manojos y las llevaron todas al pie de la montaña, donde las dejaron.

Entonces Gilgamesh fue por segunda vez a Huwawa y dijo—: Por mi madre Ninsun, la diosa que me dio a luz, y por mi padre, el gran Lugalbanda. Creo que tú y yo deberíamos hacer un pacto juntos. Déjame darte [*texto perdido*]. Es tuyo si me das tu poder del miedo, y estaremos unidos como parientes.

Y así, Huwawa le dio a Gilgamesh su segundo poder del miedo. Los cincuenta hombres de la banda de Gilgamesh cortaron todas sus ramas. Apilaron las ramas cuidadosamente y las ataron en manojos y las llevaron todas al pie de la montaña, donde las dejaron.

Una tercera vez Gilgamesh fue a Huwawa y dijo—: Por mi madre Ninsun, la diosa que me dio a luz, y por mi padre, el gran Lugalbanda. Creo que tú y yo deberíamos hacer un pacto juntos. Déjame darte la mejor harina que hay y el agua más fresca y fría en una piel de agua. Son tuyas si me das tu poder de miedo, y nos uniremos como parientes.

Y así, Huwawa le dio a Gilgamesh su tercer poder del miedo. Los cincuenta hombres de la banda de Gilgamesh cortaron todas sus ramas. Apilaron las ramas cuidadosamente y las ataron en manojos y las llevaron todas al pie de la montaña, donde las dejaron.

Una vez más, Gilgamesh fue a Huwawa y dijo—: Por mi madre Ninsun, la diosa que me dio a luz, y por mi padre, el gran Lugalbanda. Creo que tú y yo deberíamos hacer un pacto juntos. Aquí tengo unas hermosas sandalias grandes para pies grandes. Son tuyas si me das tu poder de miedo, y nos uniremos como parientes.

Y así, Huwawa le dio a Gilgamesh su cuarto poder del miedo. Los cincuenta hombres de la banda de Gilgamesh cortaron todas sus ramas. Apilaron las ramas cuidadosamente y las ataron en manojos y las llevaron todas al pie de la montaña, donde las dejaron.

Una quinta vez Gilgamesh fue a Huwawa y dijo—: Por mi madre Ninsun, la diosa que me dio a luz, y por mi padre, el gran Lugalbanda. Creo que tú y yo deberíamos hacer un pacto juntos. Aquí tengo algunas hermosas sandalias pequeñas para pies pequeños. Son tuyas si me das tu poder del miedo, y nos uniremos como parientes.

Y así, Huwawa le dio a Gilgamesh su quinto poder del miedo. Los cincuenta hombres de la banda de Gilgamesh cortaron todas sus ramas. Apilaron las ramas cuidadosamente y las ataron en manojos y las llevaron todas al pie de la montaña, donde las dejaron.

Una vez más Gilgamesh fue a Huwawa y dijo—: Por mi madre Ninsun, la diosa que me dio a luz, y por mi padre, el gran Lugalbanda. Creo que tú y yo deberíamos hacer un pacto juntos. Aquí tengo algunas piedras semipreciosas, calcedonia y lapislázuli, y además un poco de cristal de roca. Son tuyas si me das tu poder del miedo, y nos uniremos como parientes.

Y así, Huwawa le dio a Gilgamesh su sexto poder del miedo. Los cincuenta hombres de la banda de Gilgamesh cortaron todas sus ramas. Apilaron las ramas cuidadosamente y las ataron en manojos y las llevaron todas al pie de la montaña, donde las dejaron.

La séptima vez que Gilgamesh fue a Huwawa. La séptima vez que Gilgamesh intercambió mercancías por el poder del miedo de Huwawa. Y así fue como Gilgamesh capturó los siete poderes de Huwawa, y cada vez que Gilgamesh tomaba uno, se acercaba un poco más a Huwawa, hasta que estaba de pie justo delante de él. Cuando estaba lo suficientemente cerca, Gilgamesh hizo como si le diera un beso a Huwawa, pero en lugar de eso tomó su puño y le dio un fuerte puñetazo a Huwawa, justo en la cara, derribándolo.

Huwawa frunció el ceño y le enseñó los dientes a Gilgamesh, pero antes de que pudiera levantarse, Gilgamesh le tiró una cuerda como si Huwawa fuera un toro salvaje. Gilgamesh ató a Huwawa con la cuerda.

—¡Me has engañado!—gritó Huwawa—. ¡Me has engañado, y me haces mal al atarme así!

Gilgamesh tomó el extremo de la cuerda y arrastró a Huwawa fuera de su guarida—. ¡Siéntate!—dijo Gilgamesh.

Huwawa se sentó y empezó a llorar. Lloró y le suplicó a Gilgamesh—. ¡Suéltame! ¡Oh, por favor, libérame! ¡Déjame hablar con Utu, dios del sol! Oh Utu, oh brillante, bien sabes que nunca conocí a mi madre o a mi padre. Bien sabes que nací aquí en las montañas y que tú fuiste quien me crió. Bien sabes que Gilgamesh me hizo un juramento, jurando por el cielo y por la tierra y por estas montañas.

Huwawa se arrodilló ante Gilgamesh. Se postró ante Gilgamesh, rogando por su misericordia.

Gilgamesh vio la miseria de Huwawa y se apiadó de él. Gilgamesh se volvió hacia Enkidu y le dijo—: ¡Suéltalo! No debemos mantenerlo cautivo. ¡Déjalo ir!

Pero Enkidu respondió—: ¿Qué es lo que dices, oh noble Gilgamesh, mi rey y mi señor? ¿Qué es lo que dices, oh Gilgamesh, toro bravo de batalla, hermoso hijo de tu madre? ¿Qué es lo que dices, oh Gilgamesh, amado por toda la gente de tu ciudad de

Uruk? ¿Cómo es que puedes ser tan afortunado y tan noble y sin embargo no entiendes nada? Si lo dejas libre, ¡nunca volverás a ver tu amada ciudad! ¡Si lo dejas libre, se encargará de que nunca vuelvas a casa!

Entonces Huwawa le dijo a Enkidu—: ¿Por qué dices estas cosas? ¿Por qué le hablas mal de mí?

Cuando Enkidu oyó esto, se sintió abrumado por la rabia y le cortó la cabeza a Huwawa. Pusieron la cabeza de Huwawa en una bolsa de cuero y se presentaron ante Enlil con ella. Se postraron ante Enlil y besaron el suelo a sus pies y luego voltearon la bolsa para que la cabeza de Huwawa se derramara.

Enlil vio la cabeza de Huwawa y se disgustó—. ¿Por qué has hecho esto? No tenías órdenes de matarlo. Deberías haberlo tratado bien. Deberías haber compartido tu pan y tu agua con él. Debiste mantenerlo en el honor.

Enlil le quitó a Gilgamesh los siete poderes del miedo. El primero se lo dio a los campos. El segundo se lo dio a los ríos. El tercero fue a los juncos en sus lechos junto a los ríos. Los leones recibieron el cuarto, y el quinto que Enlil dio a los bosques. El sexto Enlil le dio al palacio, y el séptimo se lo dio a Nungal, diosa de los prisioneros. Todo el resto de los poderes de Huwawa del miedo que Enlil se guardó para sí mismo.

Parte IV: Gilgamesh y Aga

Si la ira de Gilgamesh se muestra en la historia de su encuentro con Huwawa, aquí vemos su misericordia. Cuando Aga, el rey de Kish, decide atacar Uruk, Gilgamesh defiende su ciudad, como debe hacer un rey. Pero, por supuesto, ningún ejército es lo suficientemente fuerte para enfrentarse a Gilgamesh y ganar, y el resultado del asedio de Aga es la derrota de su ejército y el propio cautiverio de Aga. Sin embargo, Gilgamesh recuerda un tiempo en que Aga lo acogió y le dio hospitalidad, así que en lugar de una retribución, Gilgamesh le da a Aga su libertad, como pago por la bondad de Aga.

Como Gilgamesh, Aga parece haber sido un personaje histórico. Enmebaragesi, el padre de Aga, ha sido identificado como un verdadero rey de Kish, lo que sugiere que Aga probablemente también existió, y el padre y el hijo fueron los dos últimos reyes de la Primera Dinastía de Kish. (Aparentemente no es el mismo Enmebaragesi que Gilgamesh menciona como su hermana en la historia de Gilgamesh y Huwawa). Enmebaragesi y Aga parecen haber gobernado Kish alrededor del 2600 a. C., aunque las historias sobre ellos entraron en el reino del mito en algún momento después de que sus reinos terminaran. Kish se encontraba entre los ríos Tigris y Éufrates en lo que hoy es el centro de Iraq.

Hubo un tiempo en que Aga, hijo de Enmebaragesi, fue rey en Kish, y Gilgamesh, hijo de Lugalbanda, fue rey en Uruk. Aga envió a sus mensajeros a Uruk, exigiendo que Gilgamesh se sometiera a él. Gilgamesh convocó a los ancianos de la ciudad y a los consejeros del rey para recibir consejo—. Todavía tenemos trabajo que hacer aquí—dijo Gilgamesh—. Hay pozos que aún deben ser profundizados y otros que aún deben ser excavados. No debemos someternos a Kish. Llevemos la batalla a ellos en su lugar.

Pero todos los ancianos y consejeros dijeron—: Sí, aún tenemos trabajo por hacer. Tenemos pozos aún por profundizar y otros por cavar, pero esto es una razón más para someterse a Kish. No debemos llevarles la batalla.

Gilgamesh estaba disgustado con las palabras de los ancianos y consejeros, así que se presentó ante los hombres de su ciudad y dijo—: Han venido enviados de Kish y han exigido que nos sometamos a ellos. Pero todavía tenemos trabajo que hacer aquí. Hay pozos que aún deben ser profundizados y otros que aún deben ser excavados. Nunca nos hemos sometido a Kish. Así que, les pregunto, ¿deberíamos llevar la batalla a ellos en su lugar?

Los hombres de la ciudad respondieron—: ¿Quién quiere bailar la asistencia a un señor extranjero? Seguramente nosotros no.

¡Nunca debemos someternos a Kish! ¡Deberíamos llevarles la batalla en su lugar! Uruk fue creado por los propios dioses, y Gilgamesh es su rey. ¡Gilgamesh es rey y guerrero, amado por el padre An! Los ejércitos de Aga no tienen esperanza de victoria. No tienen suficientes guerreros, y a los que tienen les falta valor. Nunca se enfrentarán a nosotros.

Cuando Gilgamesh escuchó la respuesta de los hombres de la ciudad, se regocijó. Gilgamesh fue a su sirviente Enkidu y le dijo—: ¡Prepárate para la batalla! ¡Forjen armas, construyan armaduras! ¡Tomarás tu maza, y yo me pondré mi radiante equipo de batalla! Aga no tiene ninguna posibilidad contra nosotros. ¡Nos verá y temblará, y saldremos victoriosos!

Y así fue que no pasaron ni cinco días antes de que Aga trajera sus ejércitos a Uruk y sitiara la ciudad, y fue duro con Uruk. Gilgamesh habló a los guerreros de Uruk, diciendo—: Debemos tener un emisario, alguien que vaya a Aga. ¿Quién tiene el valor?

Bihartura, uno de los guardias reales de Gilgamesh, habló—. ¡Iré! ¡Iré a Aga, y por mí, él codiciará ante Uruk, y saldremos victoriosos!

La puerta de Uruk se abrió y Bihartura la atravesó. Pero no llegó lejos; los hombres de Kish le esperaban allí. Capturaron a Bihartura y lo golpearon fuertemente de pies a cabeza. Los hombres de Kish ataron a Bihartura y lo llevaron ante Aga. Bihartura habló con el rey de Kish, pero antes de que pudiera terminar, Aga señaló las murallas de Uruk y dijo—: ¿Quién es ese de ahí en las murallas? ¿Es tu rey?

Bihartura miró y vio que uno de los oficiales del ejército de Uruk estaba en las murallas.

—Ese no es mi rey—dijo Bihartura—. Si fuera mi rey, lo sabrías. Si fuera mi rey, te acobardarías ante él. Si fuera mi rey, una multitud caería ante él y otra multitud se levantaría para saludarlo. Si fuera mi rey, todas las naciones se inclinarían ante él, y Aga, el rey de Kish, sería atado y llevado ante él como cautivo.

Con estas palabras, los hombres de Kish golpearon a Bihartura de nuevo de la cabeza a los pies. Mientras lo golpeaban, Gilgamesh subió a la cima de los muros de Uruk y se paró sobre la muralla. Todos los que lo vieron en la ciudad se maravillaron de su gloria. Gilgamesh ordenó que se dieran mazas a los hombres de la ciudad y los puso a punto detrás de la puerta de la ciudad. La puerta se abrió, pero Gilgamesh retuvo a los hombres, enviando a Enkidu a través de la puerta solo.

En el campamento de Kish, Aga vio a Gilgamesh en las murallas, y le dijo a Bihartura— ¿Es ese hombre tu rey?

—Sí—dijo Bihartura—ese es mi rey.

Y así fue como lo que Bihartura había dicho de Gilgamesh se hizo realidad. Una multitud cayó ante él mientras otra multitud se levantó para saludarlo. Las naciones se inclinaron ante él, y Aga, el rey de Kish, fue atado y llevado ante Gilgamesh como cautivo.

Gilgamesh miró a Aga y le dijo—: Me trataste con amabilidad cuando estaba necesitado. Me acogiste y me mantuviste a salvo cuando era un fugitivo. Por lo tanto, pago esa deuda, aquí a la vista de Utu. —y con eso, Gilgamesh liberó a Aga para que volviera a su país.

Cuando el ejército de Uruk vio la forma en que Gilgamesh trataba a Aga, gritó—: ¡Alabado sea el señor de Uruk! ¡Alabado sea el que mantiene los muros construidos por el mismo An!

Sargón y Ur-Zababa

A diferencia de Lugalbanda y Enmerkar, que no se puede demostrar que hayan sido reyes reales de Sumeria, Sargón de Acadia fue un personaje histórico y el fundador del primer imperio en Mesopotamia, a menudo llamado el Imperio acadio. Las hazañas de Sargón están bien documentadas en la historia, pero también se convirtió en objeto de leyendas. Una de estas leyendas tiene que ver con el misterio de sus orígenes: como el bíblico Moisés, Sargón supuestamente fue puesto a la deriva en un río en una cesta de juncos y luego criado como un hijo por el hombre que lo encontró.

Entre las conquistas de Sargón estaba la tierra de Sumeria, y así existen cuentos sobre Sargón en fuentes sumerias y acadianas. La historia sumeria que se relata a continuación explica el ascenso inicial de Sargón al poder como sucesor de Ur-Zababa, que era el rey de Kish, una ciudad estado sumeria situada entre los ríos Tigris y Éufrates en lo que hoy es el centro de Iraq. En este relato, Sargón ya ha alcanzado el alto estatus de copero del rey. Pero la caída de Ur-Zababa ya ha sido decidida por los dioses, An y Enlil, por lo que Sargón recibe la ayuda divina de la diosa Inanna en su ascenso al poder. Como tal, esta historia es parte de una antigua tradición mayor de la mitografía como herramienta de propaganda para legitimar el gobierno de un líder.

Una parte importante de la trama de la historia tiene que ver con el intento de Ur-Zababa de deshacerse de Sargón enviándolo a un herrero para hacer un recado que se supone que llevará a la muerte de Sargón. En la colección de literatura sumeria traducida por el asiriólogo Jeremy Black y otros, Ur-Zababa ordena que Sargón y un espejo de bronce sean arrojados "en el molde [sic] como estatuas". He tomado esa descripción para indicar que Sargón iba a ser puesto en un molde usado para fundir el bronce y luego asesinado por el metal fundido vertido sobre él.

La gran ciudad de Kish estaba gobernada por Ur-Zababa. Kish era una ciudad hermosa y próspera, rodeada de fértiles campos regados por muchos canales bien cuidados. Pero el reinado de Ur-Zababa estaba a punto de llegar a su fin, ya que An y Enlil habían decretado que ya no debía gobernar la ciudad.

Uno de los trabajadores del palacio real de Kish era un hombre llamado Sargón. Su deber era supervisar las entregas de bienes al palacio. Cumplió con sus deberes a conciencia y bien, tan bien, de hecho, que el rey nombró a Sargón copero real, un cargo de gran confianza e importancia.

Llegó un momento en el que Ur-Zababa se fue a descansar. Dormía en su cama real, y mientras dormía, tuvo un sueño. Cuando se despertó, comprendió de qué se trataba el sueño. Le preocupaba, pero no se lo dijo a nadie. Pasaron cinco días después del sueño, pero no más de diez, y el rey Ur-Zababa se asustó y se puso enfermo. Se enfermó de la vejiga. No podía contener su orina, y lo que pasaba tenía sangre y pus en ella.

Mientras Ur-Zababa estaba así de afligido, Sargón se fue a su cama una noche, y también tuvo un sueño. Soñó con la diosa Inanna. En el sueño de Sargón, la diosa tomó al rey Ur-Zababa y lo ahogó en un río de sangre. La diosa le dijo a Sargón—: Hago esto por ti. —fue un sueño aterrador, y Sargón se retorció y gimió mientras dormía.

Otras personas en el palacio oyeron los gemidos de Sargón y se los contaron al rey. El rey llamó a Sargón a su presencia y le dijo—: ¿Por qué gemías en la noche?

—Estaba teniendo una pesadilla, oh poderoso Ur-Zababa—dijo Sargón.

—Háblame de este sueño—dijo el rey.

—Como quieras, mi rey—dijo Sargón—. Soñé con una joven mujer. Era la más hermosa que había visto. Era tan alta que su cabeza llegaba a los cielos. Era tan fuerte que parecía la gran muralla de una ciudad, amplia e inamovible. La mujer te ahogó en un río de sangre. Me dijo que lo había hecho por mí.

Ur-Zababa escuchó el sueño de Sargón y se asustó aún más que antes. Elaboró un plan para deshacerse de Sargón. Primero, llamó a Belishtikal, el herrero jefe. Ur-Zababa le dijo al herrero—: Ese copero mío ha tenido un sueño de mal agüero. Soñó que la dama Inanna me ahogaba en un río de sangre. Quiero librarme de Sargón. Lo enviaré a tu herrería para que haga un mandado. Le daré mi espejo de bronce y le diré que lo lleve a tu herrería en E-sikil, la Casa de la Pureza, para que lo reparen. Cuando llegue Sargón, tíralo junto con el espejo en un molde de bronce. Vierte el bronce fundido encima. Haz una estatua de él. Entonces nadie se enterará de la muerte del copero.

Belishtikal volvió al E-sikil e hizo el molde como el rey le había ordenado. Entonces Ur-Zababa llamó a Sargón. Le dio a Sargón el pequeño espejo de bronce y le dijo—: Lleva esto al herrero Belishtikal en el E-sikil. Tiene que ser reparado.

Sargón tomó el espejo y dejó el palacio para cumplir las órdenes del rey. Pero en el camino al E-sikil, la diosa Inanna se le apareció y le bloqueó el camino—. ¡No debes entrar en el E-sikil! ¡El E-sikil es la Casa de la Pureza, y tú estás manchado de sangre! ¡No entres en esa casa!

Y así fue que cuando Sargón llegó al E-sikil, no entró, sino que esperó en la puerta a que el herrero llegara a él. Sargón entregó el espejo y regresó al palacio ileso. Reanudó sus deberes como copero, y el rey no le dijo nada de lo que el recado al herrero pretendía lograr.

Pasaron cinco días, pero no más de diez, y de nuevo, el rey Ur-Zababa tuvo un sueño aterrador. Entendió lo que predijo, pero no se lo dijo a nadie más.

En los días de Ur-Zababa, la escritura ya se había inventado desde hacía tiempo. Los escribas escribían con un lápiz sobre arcilla blanda, y cuando la arcilla estaba seca, la tablilla podía ser almacenada o entregada. Era común que la gente intercambiara escritos de esta manera, pero hasta ahora, no ponían las tablillas dentro de sobres. Un día, Ur-Zababa envió a Sargón en una misión para entregar una tablilla de escritura a Lugalzagesi, el rey de Uruk. El mensaje de la tablilla le pedía a Lugalzagesi que matara a Sargón.

[*Aquí la historia se interrumpe, y las pocas líneas sobre Lugalzagesi que quedan están fragmentadas. Presumiblemente el resto de la historia nos habría contado cómo Sargón evadió ser asesinado por segunda vez y cómo llegó a tomar el trono de Ur-Zababa y así comenzar la fundación de su imperio.*]

Vea más libros escritos por Matt Clayton

Glosario

Abu	Dios creado por **Ninhursag**
Adgarkidu	Hija del dios **Numushda** y de la diosa **Namrat**; esposa del dios **Martu**
Aga	Rey de la ciudad-estado **Kish**; gobernado en 2600 a. C.
Amorites	Antiguos pueblos nómadas de lo que hoy es Siria
An	Dios del cielo; suprema deidad sumeria; hijo de **Apsu** y **Namma**; uno de los **Annunaki**
Annunaki	Los dioses mayores o más antiguos
Pájaro Anzu	Mítica criatura de pájaro con cabeza de león
Apsu, el	Lugar de residencia de **Enki**; también se refiere tanto a las aguas subterráneas como a los pantanos de agua dulce de Sumeria
Aratta	Ciudad mítica muy rica, rival de **Uruk** and **Kulaba**
Aruru	Otro nombre para **Ninhursag**
Asag, el	Monstruosa criatura demoníaca derrotada por **Ninurta**
Azimua	Diosa creada por **Ninhursag**; esposa de **Ningishzida**

Babilonia	Antigua ciudad mesopotámica en lo que hoy es Irak
Bau	Diosa de la curación y consorte de **Ninurta**
Belishtikal	Herrero de bronce en la historia de **Sargón** y **Ur-Zababa**
Bihartura	Soldado en el ejército de **Gilgamesh**
Dilmún	En el mito sumerio, un tipo de paraíso terrenal; en realidad era una región y una cultura en el borde oriental de la península Arábiga a lo largo del golfo Pérsico
Dumuzi	El dios pastor que se convierte en el marido de **Inanna**
E-kur	Casa mítica del dios **Enlil** en **Nippur**; también se refiere al templo físico construido por los sumerios para la adoración de Enlil
E-sikil	Templo mencionado en la historia de **Sargón** y **Ur-Zababa**
Ebih	Montaña en la cordillera de Zagros; en el mito se niega a inclinarse ante **Inanna** y es castigada por ello
Elam	Antiguo país de la costa nororiental del golfo Pérsico en lo que hoy es Irán

Enbilulu	Dios de los canales; hijo de **Enlil** y **Ninlil**
Enegir	Ciudad mencionada en el mito del viaje de **Nanna** a **Nippur**
Enheduanna	Hija de **Sargón de Acad**, alta sacerdotisa de **Inanna** y **Nanna** en **Ur**, primera autora nombrada en la historia
Enki	"Señor Tierra"; dios creador y embaucador, asociado principalmente con el agua; vive en el **Apsu**; hijo de **An** y **Namma**; uno de los **Annunaki**
Enkidu	Compañero sirviente de **Gilgamesh**
Enkimdu	Uno de los varios dioses sumerios de la agricultura
Enlil	"Señor Aire"; dios principal del panteón sumerio; vive en el **E-kur**; uno de los **Annunaki**
Enmebaragesi (i)	Hermana de **Gilgamesh**
Enmebaragesi (ii)	Rey histórico de la ciudad-estado de **Kish** y padre de **Aga**
Enmerkar	Rey pseudohistórico de **Uruk**; supuesto padre de **Lugalbanda**; supuesto abuelo de **Gilgamesh**
Enshagag	Dios creado por **Ninhursag**; dado **Dilmún** como su dominio

Ensuhkeshdanna	Rey mítico de la ciudad-estado de **Aratta**; rival de **Enmerkar**
Ereshkigal	Diosa del inframundo
Gilgamesh	Hero mítico; probablemente basado en un rey sumerio histórico que fue divinizado y mitificado; supuesto hijo de **Lugalbanda** y nieto de **Enmerkar**
Hamazu	Lugar mencionado como hogar del hechicero **Urgirinuna** en la historia de **Enmerkar** y **Ensuhkeshdanna**
Árbol Huluppu	Árbol mítico rescatado de un río por **Inanna**; posiblemente un sauce
Huwawa	Mítico ser enviado a custodiar la **montaña de Cedro** por **Enlil**; capturado por **Gilgamesh** y asesinado por **Enkidu**
Id-kura	El río que separa la tierra de los vivos del inframundo
Igigi	Los dioses menores o más jóvenes
Inab	Ciudad mencionada en la historia del matrimonio de **Martu**
Inanna	Diosa de la fertilidad, la procreación y la guerra; a menudo identificada con el planeta Venus; una de los **Annunaki**
Isimud	Asesor de **Enki**

Kalkal	Guardián del **E-kur** en **Nippur**
Ki-ur	Lugar mencionado en el mito de **Enlil** y **Ninlil**
Kish	Antigua ciudad mesopotámica entre los ríos Tigris y Éufrates en lo que hoy es Irak
Kulaba	Otro nombre para **Uruk**
Larsa	Ciudad mencionada en la historia del viaje de **Nanna** a **Nippur**
Lilith	Mujer demonio que habita en el **árbol huluppu**
Lugalbanda	Rey pseudohistorico de **Uruk** y héroe mítico; supuesto padre de **Gilgamesh** e hijo de **Enmerkar**
Lugalzagesi	Último rey de Sumeria antes de la conquista de **Sargón de Acadia**
Lulubi Mountains	Parte de la cordillera de Zagros, ahora en la frontera entre Irak e Irán
Magan	Lugar mencionado en la historia de **Enki** y **Ninhursag**; puede haberse referido al Alto Egipto
Martu	Dios que representa al pueblo **Amorreo**
mikku	Palo usado en un antiguo juego de pelota sumerio

Montañas de Cedro	Lugar mítico donde vive la criatura **Huwawa**
Namma	Diosa madre; esposa y madre de **An**; madre de **Enki**
Namrat	Esposa del dios **Numushda**
Namtar	Dios del destino; visir de **Ereshkigal**
Nanna	Dios de la luna; hijo de **Enlil** y **Ninlil**; uno de los **Annunaki**
Nazi	Diosa de la justicia y el comercio; hija de **Ninhursag** y **Enki**
Nergal	Dios de la Guerra; consorte de **Ereshkigal**; hijo de **Enlil** y **Ninlil**
Ninazu	"Señor Sanador"; hijo de **Enlil** y **Ninlil**; dios de las fronteras
Ningirida	Diosa de **Enegir**
Ningishzida	"Señor del Buen Árbol"; dios asociado con el inframundo
Ninhursag	"Señora de las Colinas Salvajes"; diosa creadora y consorte de **Enki**; una de los **Annunaki**
Ninkasi	Diosa que cumple deseos
Ninkura	"Señora de la Tierra"; hija de **Enki** y **Ninsar**

Ninlil	"Señora del Aire"; consorte de **Enlil**; madre de **Nanna, Nergal, Enbilulu**, y **Ninazu**
Ninmah	Otro nombre para **Ninhursag**
Ninsar	Hija de **Enki** y **Ninhursag**
Ninsikila	"Señora de la Pureza"; hija de **Enki**; Asociada con **Dilmún** en la historia de **Enki** y **Ninhursag**
Ninsun	"Señora de las Vacas Salvajes"; madre de **Gilgamesh** y esposa de **Lugalbanda**
Ninsutu	Diosa creada por **Ninhursag**; consorte de **Ninazu**
Ninti	Diosa creada por **Ninhursag**; asociada a los calendarios
Nintul	Dios creado por **Ninhursag**; señor de **Magan**
Ninunuga	Diosa de **Shuruppag**
Ninurta	Héroe de la agricultura; asociado con el juicio legal; hijo de **Enlil** y **Ninhursag**; asesino del **Asag** y portador del **Sharur**
Nippur	Ciudad en la Antigua Sumeria entre los ríos Tigris y Éufrates en lo que hoy es Irak

Nisaba	Diosa asociada con el grano; también vista como patrona de los escribas
Numushda	Dios mencionado en la historia del matrimonio de **Martu**; padre de **Adgarkidu** y consorte de **Namrat**
Nunbarshegunu	Madre de **Ninlil**
Nuska	Asesor de **Enlil**; titulado "Maestro constructor del E-kur" en la historia de **Enlil** y **Ninlil**
Peshtur	Hermana de **Gilgamesh**
pukku	Pelota usada para un antiguo juego sumerio
Rimush	Hermano de **Enheduanna**
Sagburu	Una "mujer sabia" de **Uruk** que derrota al hechicero **Urgirinuna**
Sargón de Acad	Rey histórico y creador del imperio Acadio
Siete, los	Guerreros divinos, cada uno con diferentes atributos
Sharur, el	La maza de batalla sensible perteneciente a **Ninurta**
Sherida	Diosa mencionada en la historia del viaje de **Nanna** a **Nippur**; consorte de **Utu**

Shuruppag	Ciudad en la Antigua Sumeria mencionada en la historia del viaje de **Nanna** a **Nippur**
Sin	Otro nombre para **Nanna**
Subir	Región de la Alta Mesopotamia
Suen	Otro nombre para **Nanna**
Tummal	Ciudad en la Antigua Sumeria mencionada en la historia del viaje de **Nanna** a **Nippur**
Umul	Criatura creada por **Enki** en su concurso con **Ninmah**; ya sea un adulto gravemente discapacitado o el primer bebé
Ur	Antigua ciudad sumeria en la orilla sur del Éufrates, en lo que hoy es Irak
Ur-Zababa	Rey del **Kish**
Urgirinuna	Hechicero que intenta ayudar a **Ensuhkeshdanna** a ganar su concurso con **Enmerkar**
Uruk	Antigua ciudad sumeria; hogar de **Enmerkar, Lugalbanda,** y **Gilgamesh**; rival de **Aratta**
Uttu	Diosa del tejido; hija de **Enki** y **Ninkura**
Utu	Dios del sol

Montañas Zabu	Nombre antiguo de las montañas de Zagros, que atraviesan la parte sur de Turquía y luego giran al sureste para correr entre Irán e Irak y desde allí a lo largo de la costa oriental del golfo Pérsico
Zangara	Dios de los sueños

Traducciones de nombres extraídos de Gwendolyn Leick, A Dictionary of Ancient Near Eastern Mythology (Londres: Routledge, 1991).

Adad	Dios de la lluvia y del tiempo atmosférico
Adapa	Un hombre sabio favorecido por los dioses, el cual rechaza sin saberlo el don de la inmortalidad
Aguas de la Muerte	Franja de agua del océano que separa la tierra de los mortales del lugar donde habita **Utnapishtim** en la *Épica de Gilgamesh*
Annunaki	Los dioses mayores
Annunitum	Una diosa guerrera vinculada en un primer momento a **Ishtar**
Anshar	Dios mesopotámico; padre de **Anu**; consorte de **Kishar**
Anu	Dios principal del panteón mesopotámico; uno de los **Annunaki**

Apsu (i)	En el mito babilonio de la creación, un Dios creador asociado con el agua dulce
Apsu (ii)	Residencia subterránea de **Enki**; lugar con agua dulce subterránea
Aruru	Diosa madre mesopotámica; madre de los **Annunaki**
Asushunamir	Eunuco creado para rescatar a **Ishtar** del Inframundo
Atrahasis	Superviviente de la Gran Inundación y constructor del arca
Ave Anzu	Criatura mítica con cabeza de león y cuerpo de ave; asociada con el trueno
Aw-ila	Dios que da su vida para crear a los humanos
Babilonia	Ciudad mesopotámica; se convirtió en la capital del Imperio Babilónico y en uno de los centros urbanos más importantes de la antigüedad
Belet-ili	Una diosa madre; madre del dios-héroe **Ninurta**; una de los **Annunaki**
Belili	Deidad sumeria; hermana de Dumuzi (el acadio **Tammuz**); también conocida como Geshtinanna

Dagón	Un Dios de la fertilidad y de la agricultura
Damkina	Una diosa Madre; esposa de **Enki**; una de los **Annunaki**
Duranki	Una de las casas de los dioses
E-kur	Otro nombre para el **Duranki**
Ea	Dios de la sabiduría, de la creación y de las jugarretas; muchas veces se sincretiza con **Enki** en los mitos sumerios; uno de los **Annunaki**
E-galgina	Un palacio del Inframundo
Enlil	Dios asociado con los vientos; uno de los **Annunaki**
Enki	Dios de la sabiduría, la creación y las jugarretas; se sincretiza a menudo con **Ea** en los mitos acadios; esposo de **Damkina**; uno de los **Annunaki**
Enkidu	Un hombre peludo y salvaje enviado para pararle los pies a **Gilgamesh**; se convierte en el mejor amigo y compañero de batallas de Gilgamesh
Ennugi	Sirviente de **Enlil**; se le asocia también con las acequias
Ereshkigal	Diosa del Inframundo; consorte de **Nergal**

Eridú	Antigua ciudad sumeria; se considera que es el hogar de **Enki**
Erra	Dios guerrero; se le asocial también con el poder del Sol; se sincretiza con **Nergal**
E-sara	Casa de los dioses creada por **Marduk**
Etana	Antiguo rey de **Kish**
Gilgamesh	Rey de Uruk y protagonista de la *Épica de Gilgamesh*
Gizzida	Deidad sumeria del Inframundo; esposo de **Belili**; también conocido como Ningishzidda
Humbaba	Un gigante del bosque al que **Gilgamesh** y **Enkidu** dan muerte
Igigi	Los dioses menores
Ilabrat	Asistente de **Anu**
Ishtar	Diosa de la procreación y la guerra; una de los **Annunaki**
Ishullanu	Hombre que se negó a hacerle el amor a **Ishtar**; se le menciona en la *Épica de Gilgamesh*
Kalkal	Guardián de las puertas del hogar de **Enlil**
Kish	Antigua ciudad estado mesopotámica

Kishar	Diosa mesopotámica; madre de **Anu**; consorte de **Anshar**
kor	Una unidad de medida de volúmenes líquidos
Lahamu	Una diosa mesopotámica; madre de **Anshar** y **Kishar**
Lahmu	Un dios mesopotámico; padre de **Anshar** y **Kishar**
Lugalbanda	Padre de **Gilgamesh**; tratado como una deidad en la *Épica de Gilgamesh*
Mami	Una diosa madre; una de los **Annunaki**
Marduk	El Dios creador y héroe principal de Babilonia
mina	Una unidad de medida de peso para sustancias secas
Monte Mashu	Montaña bajo la que discurre la senda que sigue **Shamash** durante la noche
Monte Nimush	Monte donde el arca de **Utnapishtim** se detiene tras la Gran Inundación
Mummu	Consejero del dios **Apsu**
Namtar	Consejero de **Ereshkigal**; asociado con la plaga y las enfermedades

Nanna	Dios de la Luna; uno de los **Annunaki**
Nergal	Dios de la guerra y consorte de **Ereshkigal**
Nibiru	El planeta Júpiter
Ninsun	Diosa mesopotámica; madre de **Gilgamesh**
Nintu	Una diosa madre que ayuda a crear la raza humana; una de los **Annunaki**
Ninurta	Un dios-héroe; hijo de **Mami**
Nusku	Consejero de **Enlil**; asociado con el rayo y el fuego
Papsukkal	Consejero y criado de los **Annunaki**
Qingu	Hijo de **Tiamat**; se rebela contra los dioses y **Marduk** le da muerte
Shamash	Dios del Sol; uno de los **Annunaki**
Shamhat	Prostituta que civiliza a **Enkidu**
Shara	Un dios sumerio de la guerra; hijo de Ishtar
Shuruppak	Antigua ciudad sumeria a orillas del Éufrates

Siduri	Una anciana que lleva una taberna cerca de la orilla del mar en la *Épica de Gilgamesh*
Sin	Dios de la Luna; también conocido como **Nanna**; uno de los **Annunaki**
Tammuz	Un dios de la muerte y la resurrección; consorte de **Ishtar**
Tiamat	Diosa mesopotámica asociada con el agua salada; se rebela contra los dioses, y **Marduk** le da muerte y usa su cuerpo para crear el mundo
Toro del Cielo	Posible referencia a la constelación de Tauro; toro monstruoso enviado por **Ishtar** para matar a **Gilgamesh**
Urshanabi	Barquero de **Utnapishtim** en la *Épica de Gilgamesh*
Uruk	Antigua ciudad sumeria; **Gilgamesh** es su rey en la *Épica de Gilgamesh*
Utnapishtim	Hombre que sobrevive a la Gran Inundación y al que los dioses le conceden la vida eterna; personaje de la *Épica de Gilgamesh*

Bibliografía

Dalley, Stephanie, trad. *Myths from Mesopotamia: Creation, The Flood, Gilgamesh, and Others.* Edición revisada. Oxford: Oxford University Press, 2000.

Ehrlich, Carl S., ed. *From an Antique Land: An Introduction to Ancient Near Eastern Literature.* Lanham: Rowman & Littlefield Publishers, Inc., 2009.

Ferry, David. *Gilgamesh: A New Rendering in English Verse.* New York: The Noonday Press, 1993.

Fessenden, Marissa. "Iraqi Museum Discovers Missing Lines from the Epic of Gilgamesh". Smithsonian.com, 7 October 2015.

Foster, Benjamin R. *Before the Muses: An Anthology of Akkadian Literature.* 3rd ed. Bethesda: CDL Press, 2005.

George, Andrew R. *The Babylonian Gilgamesh Epic.* Volume I: *Introduction, Critical Edition, and Cuneiform Texts.* Oxford: Oxford University Press, 2003.

Hallo, William W., ed. *The Context of Scripture: Canonical Compositions, Monumental Inscriptions, and Archival Documents from the Biblical World.* 3 Vols. Boston: Brill, 2003.

Heidl, Alexander. *The Babylonian Genesis: The Story of Creation.* 2nd ed. Chicago: University of Chicago Press, 1963.

King, L. W. *The Seven Tablets of Creation: or, The Babylonian and Assyrian Legends Concerning the Creation of the World and of Mankind.* Vol. 1. London: Luzac and Co., 1902.

Lambert, W. G. *Babylonian Creation Myths.* Winona Lake: Eisenbrauns, 2013.

Langdon, Stephen Herbert. *Mythology of All Races.* Vol. 5: *Semitic.* New York: Cooper Square Publishers, 1964.

Leeming, David. *The Oxford Companion to World Mythology.* Oxford: Oxford University Press, 2005.

———. *The World of Myth: An Anthology.* Oxford: Oxford University Press, 1990.

Leick, Gwendolyn. *A Dictionary of Ancient Near Eastern Mythology.* London: Routledge, 1991.

Mason, Herbert. *Gilgamesh: A Verse Narrative.* New York: Mentor Books, 1972.

Mitchell, Stephen. *Gilgamesh: A New English Version.* New York: Free Press, 2004.

Pritchard, James B., ed. *Ancient Near Eastern Texts Relating to the Old Testament.* 3rd ed. Princeton: Princeton University Press, 1969.

Rogers, Robert William, trans. and ed. *Cuneiform Parallels to the Old Testament.* New York: Eaton & Mains, 1912.

Spence, Lewis. *Myths & Legends of Babylon and Assyria.* London: G. G. Harrap, 1916.

Barton, George A. *Miscellaneous Babylonian Inscriptions.* New Haven: Yale University Press, 1918.

Black, Jeremy et al. *The Literature of Ancient Sumer.* Oxford: Oxford University Press, 2004.

——— *The Electronic Text Corpus of Sumerian Literature* (http://www-etcsl.orient.ox.ac.uk/), Oxford 1998- .

Cohen, Sol. *Enmerkar and the Lord of Aratta*. PhD Dissertation. University of Pennsylvania. 1973.

Cooper, Jerrold S., and Wolfgang Heimpel. "The Sumerian Sargon Legend". *Journal of the American Oriental Society* 103/1 (1983): 67-82.

Echlin, Kim. *Inanna: A New English Version*. Toronto: Penguin Books, 2015.

Gadotti, Alhena. *Gilgamesh, Enkidu, and the Netherworld and the Sumerian Gilgamesh Cycle*. Boston: De Gruyter, Inc., 2014.

George, Andrew, trans. *The Epic of Gilgamesh: The Babylonian Epic Poem and Other Texts in Akkadian and Sumerian*. London: Penguin Books, Ltd., 2000.

Hallo, William W., ed. *The Context of Scripture: Canonical Compositions, Monumental Inscriptions, and Archival Documents from the Biblical World*. 3 Vols. Boston: Brill, 2003.

Hooke, Samuel Henry. *Middle Eastern Mythology*. Baltimore: Penguin Books, 1963.

Kramer, Samuel Noah. "The Sumerian Deluge Myth: Reviewed and Revised". *Anatolian Studies* 33 (1983): 115-121.

——. "Interim Report on Work at the Museum at Istanbul". *Bulletin of the American Schools of Oriental Research* 104 (1946): 8-12.

——. *Sumerian Mythology: A Study of Spiritual and Literary Achievement in the Third Millennium B. C.* Philadelphia: The American Philosophical Society, 1944.

——. *Gilgamesh and the* Huluppu-*Tree: A Reconstructed Sumerian Text*. Chicago: University of Chicago Press, 1938.

Lambert, W. G. *Babylonian Creation Myths*. Winona Lake: Eisenbrauns, 2013.

Langdon, Stephen Herbert. *Mythology of All Races*. Vol. 5: *Semitic*. New York: Cooper Square Publishers, 1964.

——. *Sumerian Epic of Paradise, the Flood, and the Fall of Man*. Philadelphia: University of Pennsylvania University Museum, 1915.

Leeming, David Adams. *The World of Myth: An Anthology.* Oxford: Oxford University Press, 1990.

Leick, Gwendolyn. *Sex and Eroticism in Mesopotamian Literature.* London: Routledge, 1994.

———. *A Dictionary of Ancient Near Eastern Mythology.* London: Routledge, 1991.

Mark, Joshua J. "Sargon of Akkad". *Ancient History Encyclopedia,* 2 September 2009. https://www.ancient.eu/Sargon_of_Akkad/.

Meador, Betty De Shong. *Inanna, Lady of Largest Heart: Poems of the Sumerian High Priestess Enheduanna.* Austin: University of Texas Press, 2000.

Pritchard, James B., ed. *Ancient Near Eastern Texts Relating to the Old Testament.* 3rd ed. Princeton: Princeton University Press, 1969.

Wolkstein, Diane, and Samuel Noah Kramer. *Inanna, Queen of Heaven and Earth: Her Stories and Hymns from Sumer.* New York: Harper & Row, 1983.

www.ingramcontent.com/pod-product-compliance
Lightning Source LLC
Chambersburg PA
CBHW030113240426
43673CB00002B/67